編集中の二人、将真（左）と空本（右）

Z世代と原子力博士の野望

めざせ、ユニコーン企業
めざせ、核兵器廃絶

Z世代・金融研究起業家
田中将真
Tanaka Shouma
×
原子力博士・衆議院議員
空本誠喜
Soramoto Seiki

論創社

はじめに

二〇二〇年二月、夢と希望に輝く一七歳の高校生「田中将真《たなかしょうま》」と、様々な経験を積んできた五五歳の原子力博士で政治家（二〇二一年に衆議院議員として国政復帰）の「空本誠喜《そらもとせいき》」が、ひょんなことから偶然に出会い、新しいビジネス、起業、ネット、SNS、金融、税金、上場、若者の政治参加、そして社会貢献など、一緒にコラボすることとなった。

田中将真は、二〇〇二年（平成一四年）一〇月一九日、福岡市で九州男児の父親とフィリピン出身の母親のもとに生まれる。そして、父親の再婚によって、ルーマニア出身の義母のもとで厳しく育てられてきた。そして、まさにZ世代。

「Z世代」とは、一九九〇年代半ば〜二〇一〇年代生まれの、インターネットやSNS

を含むソーシャルメディアの環境で育った「デジタルネイティブ」世代を意味している。まさにデジタルをうまく使いこなすことから「デジタルネイティブ」と呼ばれ、今後の経済を支える中心世代として注目を集めている。

一方、空本誠喜は、一九六四年（昭和三九年）三月一一日、瀬戸内海にうかぶ倉橋島《くらはしじま》で海運業の両親のもとに生まれる。幼少の頃は小児ぜんそくで体が弱く、小学校を休むことも多かったが、大きな夢と希望を抱きながら育っていった。

ところで、田中将真は、国内外で不動産ビジネスを展開する父親の影響を受けて、小中学生の頃から投資や資産運用に興味を持ち、未成年であったことからデモトレードによって独学で金融商品の一つのＦＸについて学び、バーチャル取引ではあるが、大人以上の知識と経験を蓄《たくわ》えていった。

そして、西郷隆盛の遺訓《いくん》である「敬天愛人《けいてんあいじん》」の志《こころざし》をもって一六歳で合同会社を起業し、若者の「お金」に係《かか》わる知識の必要性を感じて金融リテラシー*に関する教育塾

「ジェネスク」を立ち上げた。

しかし、将真曰《いわ》く、「起業に至るまでの数年間は、単なる負け組で、高校受験もお馬鹿で学力不足だったことから失敗しました。それで、ニュージーランドへの短期留学と託《かこつ》けて国外逃亡し、半年で日本に帰ってきました」とのこと。やはり高校へは行かなければと考え、学校法人角川ドワンゴ学園が設立した通信制のN《エヌ》高等学校に一六歳で入学した。

＊金融リテラシーとは

金融リテラシー（Literacy）とは、「金融に関する知識や判断力」のこと。すなわち、金融に関する知識や情報を正しく理解し、主体的に判断することができる能力を指す。金融庁は生活スキルとして「最低限身に付けるべき金融リテラシー」を、①家計管理、②生活設計、③金融知識及び金融経済事情についての理解と適切な金融商品の利用選択、④外部の知見の適切な活用の四つに分類して、具体的な一五項目を挙げている。

【参考出典：https://www.smbcnikko.co.jp/terms/japan/ki/J0640.html】

そして、ニュージーランドの友達や一緒に留学していた海外メンバーに触発《しょくはつ》されて、高校生でも用立てられる資本金一万円で登記可能な合同会社を設立した。みんな一〇代でスタートアップと呼ばれる新規事業の起業に興味を持っていたからだ。

今回の起業では、親や大人の助けを借りての恵まれた起業ではあったが、また手探《てさぐ》りでの船出でもあったが、一〇代ならではの感覚と発想と行動力で、金融リテラシー教育塾「ジェネスク」をスタートさせた。

一方、空本誠喜は、原子力の技術者であって、衆議院議員として活動する政治家でもある。さらに中小企業の経営管理や技術系のコンサルなども手掛《てが》けてきた事業家でもある。

まず、一九八六年のチェルノブイリ事故を機に原子力の道へ本格的に進むこととなる。東京大学の大学院では原子力工学を専攻し、放射線計測技術を研究開発して、工学博士を取得した。

さらに、日本学術振興会の特別研究員を経て、東芝に入社し、原子力プラントの設計開発に携《たずさ》わる。特に、電気計装（原子力研究所）や機器設計（原子力機器設計部）の技術担当として原子力プラントに精通することとなる。そして、幼少からの一つの目標であった国会議員を目指すべく、二〇〇一年に東芝を退職して政治の道へ。

二〇〇九年、二回の落選を経て、小選挙区で自民党の幹事長および官房長官を歴任してきた超大物議員に競《せ》り勝ち、三度めの正直で、衆議院議員に初当選する。さらに、二〇一一年の福島第一原発事故では、国土交通大臣からの要請により原発事故収束のための「影の助言チーム」を立上げ、官邸や東京電力他に緊急の助言活動を行うとともに、国の危機管理を身をもって経験する。

また国政の浪人中には、中小企業の経営管理や技術系のコンサル事業、人材派遣事業、不動産賃貸管理、ホテル事業などを通じて、事業の在り方を習熟する。

技術畑出身の政治家として、原子力・電力・エネルギー、食料を支える農林水産、そして自衛隊による防衛などの安全保障に係わる難問に取り組み、再構築していくことが当面の目標ではあるが、電力・電気通信の専門家として、事業家として、自ら、電力エネルギー安定化ビジネスを立上げることも目標の一つである。

さらに、癌で亡くなった大事な人と一緒に考えていた「若者支援の道先案内事業」なども計画段階にあり、どのように実現させようかと考えていたところでもあった。

そんな折、起業したばかりの田中将真を、父親の友人である伊藤真二氏のふとした思いつきで、脈絡《みゃくらく》なく、空本誠喜に面会させることとなった。田中将真は、自分の考えている事業プランをノートパソコンのプレゼン資料をもって熱く説明するものの、抽象的な表現が多く、実体的な事業が見えず、空本誠喜は冷やかに見守るとともに、厳しく指導した。

そして、事業を具体化するためには、自分の言葉で分かりやすく表現すること、例えば、文書化する必要があると察していた。そこで、自己紹介を兼ねた起業紹介本を執筆することを勧めた。

ただし、執筆経験のない高校生がすぐに本を書き上げることは難しいこともあり、まずは、起業や金融リテラシー、そして「お金の尊《とうと》さ」について対談することとした。対談するなかで、四〇歳近い年の差ではあったものの、互いの新たなものを産み出そうとする挑戦的な考え方から意気投合し、田中将真の起業教育の一環として、二人の対談内容を中心とした本書を共同で執筆することとなった。

対談にあたっては、動画を撮りためて、また対談内容を充実させながら撮り直しを行いながら、その対談内容をYouTubeにアップしていく。

この対談と本書執筆を通じて、誕生したばかりの高校生起業家、田中将真がどのように成長していくか、はたまた政治家であり事業家である空本誠喜が田中将真をどのように育てていくのか、読者の皆さんには見届けて頂きたい。

二〇二三年一月

空本　誠喜

Z世代と原子力博士の野望●目次

——めざせ、ユニコーン企業　めざせ、核兵器廃絶

はじめに　1

第Ⅰ章　Z世代と原子力博士の★未来設計図★

第Ⅱ章　ビジネスイノベーション

第Ⅳ章 野望実現にむけての戦略

第Ⅰ章　Z世代と原子力博士の★未来設計図★

1　高校生の夢――負け組からの脱皮

空本《そらもと》――将真君、今、高校生起業家として、スタートアップ、すなわち歩き始めましたが、小さいころ、何になりたかったのですか。小さいころの夢は何でしたか。

将真《しょうま》……実は、警備員になりたかったんです。

空本――起業家とは、全然違いますね。

将真……一〇歳頃、買い物に行った時、警備員さんがいて、仲良くなったからです。何回も会うたびに、色々な話を聞いて楽しくなって、こういう優しい人になりたいと思ったんです。それから警備員になろうと思っていました。

空本――たまたま優しい警備員さんだったんですね。なぜ警備員から起業家を目指したんですか。

将真……父親の影響だと思います。小学生時代は、どこか周りとは違い、いつも暴《あば》れていたんです。そして、みんなと違うことが兎《と》に角《かく》したかったんです。でも、特に遣《や》りたいことが見つからなかった。暗い子供時代だったかも知れません。

空本――では、何がきっかけで、大きく動き出したんですか。

将真……父親の知り合いに会うたび、父親が凄《すご》いのではと思うようになったんです。尊敬するようになったんです。そのうち父親に経済面や人間力で勝ちたくなったんです。

空本――ならば、高校生の将真君、ズバリ、あなたの今の夢は。

将真……僕の今の夢は、起業家として成功して、父親を超えることです。

空本――父親を尊敬できるって、いいことですね。素晴らしいことですよね。「思考を言霊《ことだま》にすれば、夢の実現は加速化する」ですね。

将真……でも、小学生から中学生の時代は、同年代の周りとはどこか違い、単なる負け組の少年でした。キラキラした青春は自分には訪れなかったんです。ＦＸ（外国為替証拠金取引《がいこくかわせしょうこきんとりひき》）のデモトレードやバーチャル取引だけに夢中になるだけでした。子どもは、実際の取引は出来ないので。

空本――ＦＸとは、難しい金融取引に興味を持っていたんですね。外国の通貨を売買して、その差益《さえき》（儲《もう》け）を狙《ねら》う取引ですよね。今、高校生だけど、中学から高校への進学はどうだったんですか。

将真……高校受験もおバカで学力不足だったことから失敗して、ニュージーランドへの短期留学と託《かこつ》けて国外逃亡しました。でも色々あって半年で日本に帰ってきました。それで父親からどうするのかと聞かれ、もう一度勉強して高校に行くことにしました。普通の高校ではなく、通信制のN《エヌ》高（N《エヌ》高等学校）へ行くことにしました。

空本――高校に入学してから、起業まではどうだったんですか。

将真……ニュージーランドでの留学で、現地の友達や一緒に留学していた海外メンバーに大きく触発《しょくはつ》されました。みんな一〇代で「スタートアップ」と呼ばれる新規事業の起業に興味を持っていたんです。それで、人と違うことをしたいと思い、起業を選択したんです。

空本――ようやく、落ちこぼれ、負け組からの脱皮ですね。

将真……はい、そうです。起業家として絶対成功します。

2　政治家の夢――宇宙戦艦ヤマトと放射能除去装置《ほうしゃのうじょきょそうち》

将真……空本先生は、小さいころ、どんな夢を持っていたのですか？

空本――私は、四、五歳の頃、ロケット博士になって、総理大臣になって、ノーベル賞をとると、親戚のお婆ちゃんに言ったことを記憶しています。この会話が言《こと》霊《だま》となり、私の人生の夢ではなくて、目標となりました。

将真……でも、空本先生は、ロケット博士ではなくて、原子力博士ですよね。

空本――一九六〇年代、米国のＮＡＳＡ（米国航空宇宙局）では、原子力エンジンのロケットを開発しようとしていたんです。宇宙開発と原子力開発は本当は密接な関係なんです。二〇〇一年の中央省庁の再編統合の以前には、科学技術庁という官庁があって、宇宙開発、原子力開発、海洋開発の三つの柱で構成されていました。再編統合後は、主に文部科学省に統合されています。

将真……なるほど、それで、原子力博士になったんですね。

空本――実は、小学生の時、一〇歳の頃だった思いますが、宇宙戦艦ヤマトのテレビ放映があって、毎週一生懸命《いっしょうけんめい》見ていました。イスカンダル星で開発されてた放射能除去装置を地球に持ち帰って、放射能に包まれた地球（本当は放射性物質に包まれた地球）をクリーンにするという話です。

子ども心に「僕も将来、放射能除去装置を作ろう」と思っていました。

将真……放射能、放射能除去装置ですか。

空本――高校生の頃、将来、世界も日本も、エネルギー問題と食料問題が大きな課題となる、どちらかの道に進むべきと考え、中学でも高校でも数学と理科、特に物理が得意だったので、科学者、技術者になろうと大学へ進学したんです。最終的に、エネルギー開発の道に進み、原子力博士になったんです。

白血病で三八歳で若くして亡くなった父親は医者になって欲しかったみたいなんですが。

将真……父親の影響はなかったんですか。

空本――両親ともに、瀬戸内海の島育ちで、中卒でした。父親が亡くなる前に、子ども達には、大学に行かせたいと言ってたみたいでした。そのせいではないのですけど、最高学府の東京大学・大学院・博士課程を修了し、原子力博士になりました。

丁度《ちょうど》、大学四年生の春に、チェルノブイリ原発事故が起きたので、現実には厳しいですが、放射能除去装置を開発しなければと、さらに奮起《ふんき》したのです。

学生時代は、放射性物質から放出される放射線、特に、ガンマ線と中性子《ちゅうせいし》を計測する装置の開発に取り組んでいました。放射能、放射線、放射性物質、ゴチャゴチャしていて、何が違うのか分からないですよね。

実は、原子力の一丁目一番地は、この放射線なんです。特に中性子による核《かく》分裂《ぶんれつ》、これが原子力のおおもとなんです。私は、この放射線のプロフェッショナルになったんです。

将真……だけど、原子力博士になっていたのに、どうして国会議員になったんですか。

空本――小さい頃の言霊《ことだま》ですよ。博士になって、国会議員でなければ資格が与えられない総理大臣にということです。元々、博士になって、社会経験を積んで、政治の道へと考えていたのです。放射能除去装置は道半《みちなか》ばなんですけどね。

将真……実際に、国会議員、政治家になって、どうでしたか。

空本――これも因縁《いんねん》なんです。初当選して二年目の二〇一一年に福島第一原発事故が起きたんです。そのとき、官邸直轄《ちょっかつ》の原子力専門家らによる緊急助言《きんきゅうじょげん》チームを私が組織したんです。私は、原子力の専門家として、政治家として、助言チームの取り纏《まと》めを行ったんです。

　昼夜問わず毎日、官邸を通じて東京電力と関係省庁に緊急対応すべき対策を指示していました。チームメンバーには各省庁の幹部担当者もいました。

将真……凄《すご》いことをやってたんですね。空本先生に初めて会ったとき、新聞記事（東京新聞、二〇一二年五月二五日）と空本先生の執筆本2冊、『汚染水との闘い』（ちくま新書）と『二〇ミリシーベルト』（論創社）を頂きましたが、まだ読んでいないんですが、どんなことをしたんですか。

空本――その時、例えば、首都圏からも東京からも西日本へ避難しなければいけないという「最悪のシナリオ」も検討していました。当時、在京の海外大使館員や

2012年05月25日 東京新聞 朝刊 8頁

影武者たちの真実

3.11助言チーム

東京電力福島第一原発事故に官邸が手探りの対応を続けていた昨年3月半ば、原子力の専門家らによる助言チームがひそかに結成された。中心となったのは、内閣官房参与の小佐古敏荘(61)。原子力委員長の近藤駿介(68)らも協力し、本来の助言役の原子力安全委員会と異なる立場から政府などに提言を出した。当事者らの証言から、知られざる影武者たちの活動を描く。(宮尾幹成、桐山純平)

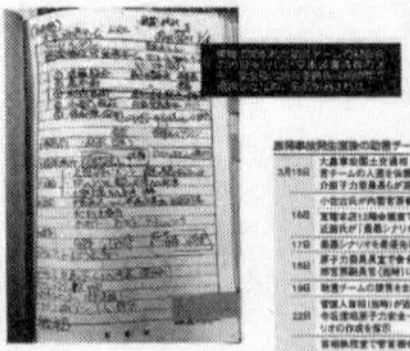

3.15 安全委だめだ バックアップ態勢つくらねば

3.16 最悪シナリオ「至急」検討せよ

3.25 首都圏も避難「おったまげた人いたかも」

4.2 海へ汚染水放出 保安院と攻防

助言は生かされたか 実現されず不満 4月末 活動停止

その家族は、特に米国などの大使館関係者は、東京を脱出した人たちも多くいました。
また、テレビなどの報道で汚染水問題が話題となっていますが、当時も、低レベル汚染水の海洋放出などが喫緊《きっきん》の問題で、緊急事態の対応として、海洋放出を指示して実際に行いました。影武者として活動していたんです。その時、放射能除去装置がこの世にあればと思いました。

将真……なるほど、としか言えないです。

空本――実は、大震災の三月一一日（二〇一一年）は、私の誕生日だったんです。丁度、議員会館の最上階の私の議員室にいたとき、突然、大きな揺れに襲われたんです。そして、その日から原発事故も始まったんです。

将真……何か、因縁ですね。

空本――3・11は、東京大学（原子力）の恩師であった故・中沢正治教授を偲《しの》ぶ会も夕方に予定されてました。また、その日の夜、付き合っていた大事な人と一緒に誕生日を祝ってもらう予定でした。だけど、当然、全てキャンセル。

ちなみに、今は、大事な人も亡くなり、バツイチ独身のフリーだから、恋愛も、夢を持って、節操《せっそう》をもって、情熱をもって、てとこですかね。

将真……空本先生の夢は、放射能除去装置、原子力、政治、恋愛と、色々あって、いいですね。

空本――将真君は、女の子コンプレックスがあるとか、ないとか。好きな彼女ができると、夢と希望もさらに大きくなり、もっと頑張れますよ。

将真……起業も、恋愛も、全力集中で頑張ります。

3　座右《ざゆう》の銘《めい》

空本――ところで、志《こころざし》を持って物事に挑戦しようとするとき、「座右《ざゆう》の銘《めい》」を掲《かか》げている人が多いのですが、「座右の銘」って言葉、知っていますか。

将真……何かで聞いたことはありますが、よく知りません。どんな意味なんですか。

空本――簡単に言えば、自分の好きな「言葉や人生訓《じんせいくん》」、自分が「こうありたい」と目標にしている「格言《かくげん》」のことです。

少し固《かた》く言えば自分の心を律《りっ》するための「格言」、心に刻みこんだ「戒め《いまし》」などのことです。昔の皇帝などは自分の座《ざ》する右側に置く石や器などの『銘《めい》』に大切な言葉を記して、自分を律して冷静さを保つように努めたことに由来《ゆらい》しています。

将真……では、どんな時に使う言葉なんですか。

空本――学生の就職活動の面接で聞かれることがあります。面接や自己紹介をする場面で、自分自身の「座右の銘」を準備しておくと、自分の信念や考え方を的確《てきかく》に発言することができるので有効です。

また国会議員は、ほとんどの人が、「座右の銘」を掲げています。選挙の時に、新聞社や放送局の各社から経歴などの調査票の記入を求められ、そこに「座右の銘」の欄があるんです。だから、政治家は「座右の銘」が好きなんです。

だったら将真君は、好きな言葉や人生訓はありますか。将真君の「座右の銘」は何ですか。

将真……西郷隆盛さんの言葉として知られている「敬天愛人《けいてんあいじん》」という言葉が大好きです。昨年、一六歳で登記した合同会社の社名も「敬天愛人」と名付けました。空本先生は政治家ですから、「座右の銘」はどんな言葉ですか。

空本——座右の銘、人生訓、そしてモットーとして、三つの言葉を贅沢《ぜいたく》に準備しています。「安心立命《あんじんりつめい》」、「世のため、人のため、生きれば、人間は活《い》かされる」、「技術者として、政治家として、誠実な実績」の三つです。

4　敬天愛人

空本——では、将真君の掲げている座右の銘「敬天愛人《けいてんあいじん》」とは、どんな意味だと理解していますか。「愛人」と言えば、カラオケでお馴染《なじ》みのテレサテンの名曲ですよね（YouTube から何故か「愛人」の音楽が流れる）。

将真……空本先生、テレサテンの「愛人」は違いますよ（笑）。

将真……「敬天愛人」とは、西郷隆盛《さいごうたかもり》さんがいつも言っていた言葉で、「天を敬《うやま》い人を愛す」のことです。

空本――私も、京セラの創業者の稲盛和夫《いなもりかずお》さんが書かれた『敬天愛人』という本で聞いたことがありますが、稲盛さん、知っていますか。稲盛さんの本を読んだことはありますか。

将真……すいません。稲盛さんも多分《たぶん》初めて聞きました。その本も知りません。

空本――稲盛さんは、西郷さんと一緒の鹿児島県出身で、京セラの社是《しゃぜ》にも「敬天愛人」を掲げておられます。「常に公明正大　謙虚な心で　仕事にあたり　天を敬い　人を愛し　仕事を愛し　会社を愛し　国を愛する心」と示されています。ところで、誰が日本で初めて提唱した言葉か知っていますか。

将真……西郷さんが最初に言った言葉だと思っていました。違うんですか。

空本――少し残念！。西郷さんが『南洲翁遺訓《なんしゅうおういくん》』で使った言葉として知られていますが、日本で最初に提唱したのは中村敬宇《なかむらけいう》（中村正直《なかむらまさなお》）という人です（Webで確認しながら）。

中村敬宇が、一八七一年に刊行した訳書『西国立志編《さいごくりっしへん》（自助論・Self Help/

サミュエル・スマイルズ）』で「敬天愛人」という言葉を用いて翻訳しています。

どこで「敬天愛人」という言葉を知ったんですか。

将真……深い言葉だったんですね。実は、鹿児島への修学旅行でその言葉に出会ったんです。小高《こだか》い山へのハイキングで登った城山《しろやま》公園の展望台付近のお店で「敬天愛人」のTシャツがあって、カッコいいと思って買ったんです。それが出会いです。

展望台のお店の城山茶屋のおばさんにどんな意味か聞いたところ、お店を振り返えるように促《うなが》され、展望台方向を見ると「敬天愛人」が書かれていたんです。深い意味までは知りませんでした。

空本――「敬天愛人」*という社名の会社を立ち上げたのですから、自分自身の言葉で「敬天愛人」の由来などをしっかり説明できるようになるといいですね。これは大切なことですよ。

将真……はい。「敬天愛人」との出会い、そして西郷さんや稲盛さんの生き方や、そもそもの由来など、しっかり説明できるようになります。

空本――ところで、西郷隆盛さんと城山公園の関係は、修学旅行でじっくり見てきたんですから、もちろん知っていますよね。西南《せいなん》戦争も知ってますよね。YES／NOでお答えください。

将真……NOです。

空本――（……大爆笑……）。ネットでしっかり調べておいてください。何故、城山公園が西郷隆盛の所縁《しょえん》の地になっているのか。西南戦争とはどんな戦いであったのか。

＊敬天愛人とは

西郷隆盛の『南洲翁遺訓』によれば、「道は天地自然の物にして、人は之を行ふものなれば、天を敬するを目的とす。天は人も我も同一に愛し給ふ故、我を愛する心を以て人を愛する也」。

西郷南洲顕彰会の現代訳としては、「道というのはこの天地のおのずからなるものであり、人はこれにのっとって行うべきものであるから何よりもまず、天を敬うことを目的とすべきである。天は他人も自分も平等に愛したもうから、自分を愛する心をもって人を愛することが肝要である」。

5　安心立命・世のため人のため・誠実な実績

将真……空本先生の座右の銘や人生訓には、どんな意味があるのですか。

空本――まず、座右の銘「安心立命」だけど、「安心《あんじん》」は仏教用語と「立命《りつめい》」は儒教用語です。その意味は、天命を知って心を穏やかにし、物事に動じない様《さま》を表します。すなわち、人力のすべてを尽くして身を天命に任《まか》せ、いかなるときも他のものに心を動かさないこと。

まさに自分を律して冷静さを保つようにという「座右の銘」の由来そのものの意味を持つ四字熟語を掲げています。

将真……何か高校生には難しいですね。

空本――「敬天愛人」も、金融リテラシーも、高校生には十分に難しい言葉ですよ（笑）。

次に、「世のため、人のため、生きれば、人間は活かされる」を人生訓としています。最近亡くなった大事な人からは、そんな綺麗《きれい》ごとを言う人に限って嘘《うそ》つきなんだからと、偽善者《ぎぜんしゃ》呼ばわりされてましたけど。

憲政の父と呼ばれた尾崎行雄《おざきゆきお》翁の残した言葉「世のため、人のために生きれば、活かされる」から頂いたフレーズです。憲政の父、尾崎行雄って全く知らないよね。

将真……はい、全く、知りません。

空本——一八九八（明治三一）年、日本で初めての政党内閣が成立した時の文部大臣で、大隈重信が内閣総理大臣、板垣退助が内務大臣でした。

もっとも有名なエピソードとしては、東京市長であった一九一二年に尾崎行雄はワシントンに桜を贈り、その返礼《へんれい》としてハナミズキが日本へ贈られたのですが、知らないですかね。

将真……はい、知りません（堂々と）。東京が市だったんですか。

空本——はい、今の東京二三区の地域がひとむかし、東京市だったと記憶しています。「大阪都構想」って知っていますか。「大阪府」が「大阪都」になって、大阪市がなくなって、大阪市が四つの区に新たに再編されるという行政の動きです。

将真……「大阪都構想」って、テレビで聞いたことはありますけど、よく分かりません。

空本――そうですよね。大阪の二重行政、税金の無駄遣《むだづか》いを無くす大きな動きです。

空本――人生訓に話を戻しますけど、私が、政治家を志《こころざ》すにあたって、尾崎行雄記念財団の咢堂塾《がくどう》の一期生となり、尾崎行雄先生の娘さんにあたる相馬雪香先生から教えを乞《こ》うたのです。「難民を助ける会」の会長でもあった相馬先生から、尾崎行雄の言葉「世のため、人のために生きれば、活かされる」をいただき、政治家としての人生訓としたんです。

将真……政治家っぽいですね……。

空本――最後に、モットーとして「技術者として、政治家として、誠実な実績」を掲げています。兎《と》に角《かく》、誠実に何事も取り組むことを大事にしています。ただし、人間ですから、たまには、もういいやと投げ出したくなる時もあるのですけど。政治家って、偽善者だから、平気で耳障《みみざわ》りのよい言葉を発《はっ》するんです。偽善者って、二タイプあると思うんです。一つは裏では悪行していながら人前では善人としてふるまう人。もう一つは、悪を行ってるわけでないけれど、自分の欲のために善をする人です。

将真……なるほど。空本先生の三つの言葉は、「敬天愛人」にも繋《つな》がりますよね。稲盛さんが京セラでの社是《しゃぜ》に掲《かか》げた「敬天愛人、常に公明正大　謙虚な心で　仕事にあたり　天を敬い　人を愛し　仕事を愛し　会社を愛し　国を愛する心」そのものなのかも知れませんね。

「敬天愛人」は、自分ながら素晴らしい社名だったんですね。しっかり噛《か》みしめていきたいと思います。

6　ユニコーン企業

空本――「敬天愛人」という会社を起業し、新しいビジネスを作っていきたいと聞きましたが、将来のビジネス目標をどのように考えていますか。

将真……今抱《いだ》いている将来のビジネス目標は、「ユニコーン企業」を作り、そのプロセスの一つとして最年少で上場をすることを考えています。

空本――ユニコーン、一角獣《いっかくじゅう》のユニコーンを見たことありますか。静岡県の御殿場の乗馬クラブで翼《つばさ》が生えたペガサスと一緒にユニコーンを見たことがありますよ。本当に（笑）、本当に（笑）。

将真……嘘《うそ》ですよね（笑）。

空本――学生時代、乗馬クラブで家庭教師をしていて、毎週末、御殿場で乗馬もしてたんですよ。それでホース・ショーというイベントが毎年あって、翼の生えたペガサスが走ってたんです。ただし、飛ばなかったけど（笑）。一角獣のユニコーンもいたんだけど（笑）。

将真……本当ですか。いるわけないですよ。神話の幻の生き物ですよ（笑）。

空本――確かにこの両目で見たんだから（笑）。さてさて、「ユニコーン企業」という言葉はあまり聞いたことないのですが、誰に教えてもらったんですか。どんな企業のことを指《さ》すのですか。

将真……「ユニコーン企業」という言葉は、事業プロモーションをお手伝いして貰《もら》っている「ヘタギさん」こと、山下大希さんから教えてもらった言葉です。
最年少上場を目指していることを伝えると、「そこ止まりでいいの」と意見を頂いたので、逆にそれより上があるのかを聞くと、「ユニコーン企業」のことを教えてもらって、大変興味を持ったんです。

空本――最年少上場と「ユニコーン企業」を作ることがビジネス目標なんですね。今、ちょっとネットで調べてみたところ、「ユニコーン企業*」とは、評価額が一〇億ドル以上の未上場のスタートアップ企業とありますが、最年少上場とどこか矛盾していないですか。

＊ユニコーン企業とは
ベンチャーキャピタル投資家である米国のアイリーン・リーが、二〇一三年に発案した造語である。一般に、「ユニコーン企業」とは、評価額が一〇億（一ビリオン）ドル以上の未上場のスタートアップ企業であり、「創業一〇年以内」、「評価額一〇億ドル以上」、「未上場」、「テクノロジー企業」といった四つの条件を兼ね備えた若い企業と言われている。

将真……はい。起業してから一〇年以内で、時価総額が一〇〇〇億円以上で、IT（情報技術）などを活用した新規事業であるという条件を備えた、希少《きしょう》で成功したベンチャー企業を指す言葉なんですが、未上場というのが条件だったんです。

空本――なるほど。ユニコーン企業の評価方法は、色々と難しそうですね。主な評価方法としては、次の三つの方法があるみたいですよ。

①コストアプローチ（譲渡《じょうと》企業の純資産《じゅんしさん》価値に着目した評価方法）、②マーケットアプローチ（株式市場やM&A市場における取引価額を基準に算定する評価方法）、そして③インカムアプローチ（譲渡企業の収益力に着目した評価方法）があるみたいです。

将真……難しそうですけど、勉強します。

空本――そこで、二つのビジネス目標をどのようなステップで目指していくかですね。

将真……「ユニコーン企業」の存在を教えてもらった時は、時価総額一〇〇〇億円（おおよそ一〇億ドル）以上という条件しか知らなかったので、ユニコーン企業を掲げたのですが、あとあと調べてみると、未上場というのが出てきたんです。

その時、会社をもう一つ作って、もう一つの会社の方をユニコーン企業にするというスタンスを自分の中で考えているのですが、どうですか。すでに設立した「敬天愛人」という会社でユニコーン企業を目指すというのは難しいと考えてます。

空本――いろいろ勉強して、考えてますね。私の提案としては、「ユニコーン企業」の条件として「テクノロジー企業」とあります。ITでも良いですから、何かしらのプラットフォームを提供するテクノロジー関連企業をこれから新たに共同創設していけばよいと考えます。そして「ユニコーン企業」を目指すのがベターだと思います。

一方で、すでに設立している「敬天愛人」は、金融リテラシー教育塾「ジェネスク」の運営や投資事業などの既存ビジネスからの派生企業として築き上げて、上場を目指していけばよいと考えます。

将真……そうですね。大変よくわかりました。新たなテクノロジー企業も頑張ります。

～時を、数日、進めてみよう～

空本――私も「ユニコーン企業」について少し調べてみました。では、将真君は、どんな「ユニコーン企業」を想定していますか。イメージでいいので、具体的に教えて下さい。

将真……まずは若者が得意なＩＴやＳＮＳなどを活用した事業としかイメージできていません。

空本――それでは、なかなか実現は難しいですね。時価総額一〇〇〇億円の企業とは凄《すご》い企業ですから、普通のＩＴ事業だけでは難しい規模ですよね。米国の有名な「ユニコーン企業」の名前を知っていますか。かつてユニコーンだった企業でもいいです。

将真……すみません。リサーチ不足で存じ上げないです。

空本――（少し呆然《ぼうぜん》と、怒・怒・怒）。有名な企業としては、かつてはFacebook社やTwitter社も「ユニコーン企業」に数えられてましたよ。すでに十分に成長した大企業になっており、「ユニコーン企業」が若い企業に対してだけ使われる言葉なので、今は外れていますが。

将真……そうだったんですか。知らなくて恥ずかしいです。

空本――日本では、かつてフリーマーケットの「メルカリ」も東証マザーズへの上場前は該当していました。最近では、ディープラーニングの「プリファード・ネットワークス」くらいだと言われています。

また世界で有名なところでは、米国の宇宙開発の「SpaceX」、民泊の「Airbnb（エアビーアンドビー）」、中国では配車サービスの「滴滴出行（ディディチューシン）」などが挙げられます。

将真……なんとなくイメージができてきました。でも、具体的な「テクノロジー企業」とはどのようなものなのでしょうか。

空本――具体的なビジネスモデルやビジネスビジョンについては、別のセッションで、対談しながら掘り下げていきましょう。

7　スタートアップ企業

空本――掘り下げる前に、ニュージーランド留学で、「スタートアップ」、「スタートアップ企業」という言葉を聞いて触発されたと言っていますが、「スタートアップ企業」は、聞き慣れている「ベンチャー企業」とどう違うのですか。知っていますか。「スタートアップ企業」だけでも理解していますか。

将真……え！え！　違いがあるんですか？？？　知りませんでした……。

空本――やはり、ハハハ……。ベンチャー企業もスタートアップ企業も明確な定義はないようですから、この説明は難しいです。簡単な違いは、日本製の「ベンチャー企業*」と、米国製の「スタートアップ企業*」と言っていいでしょう。

将真……日本製と米国製って、どういうことなんですか。

空本――ベンチャー企業は、日本発祥《はっしょう》の和製英語なんです。新しいサービスやビジネスを中長期的に展開する新興《しんこう》企業だと考えています。大企業は小回りが効《き》かない。革新的な技術やサービスの開発を進めようとするとき、小回りが効き、迅速な決断ができるのが、ベンチャー企業だと思います。

一方、スタートアップ企業は、IT関連企業が集まるシリコンバレー発祥の言葉で、ベンチャー企業の中でも、新しいビジネスを短期間で成長させ、短期間でのEXIT（エグジット）を目的としている企業のことです。「お後《あと》がヒュイゴー（Here we go）」のお笑いコンビ『EXIT』、人気芸人を目指している訳ではありませんからね（笑）。

将真……では、短期間でのEXIT（エグジット）とは。

空本——EXITは「出口」を意味しています。スタートアップ企業では、短期間に成長させて企業価値を高め、創業者や投資したファンドが株を売却して莫大《ばくだい》な利益を確定させることを意味してます。事業や会社を売却するEXITの時期は、上場前でも、上場後でもOKです。

将真……莫大な利益ですか……。

空本――（厳しく）ただし、ここで重要なことは、スタートアップ企業たる条件として、何らかの「社会貢献」が必要です。「地球環境のためのイノベーションによる」とか、「世の中に新しい価値を見出すことによる社会貢献」などの観点が必要です。「ゼブラ企業」という概念にも繋がりますよね。

「ゼブラ企業」とは、「ユニコーン企業」と対比される概念で、「持続可能な社会の繁栄とその共生を求める」というものです。

将真……社会貢献、共生、まさに「敬天愛人」ですね。

＊ベンチャー企業　スタートアップ企業

ベンチャー企業とは、革新的なアイデアや技術をもとにして、新しいサービスやビジネスを展開する企業のこと。小規模から中規模の「新興企業」が殆ど。

スタートアップ企業とは、新しいビジネスモデルを開発しながら急激な成長を目指す、市場開拓フェーズにあるベンチャー企業のこと。一般的に、創業から二〜三年程度のインターネット関連企業が多い傾向にある。

【参考出典】　ボクシルマガジン（https://boxil.jp/mag）

8　将真のビジネスビジョン――「最年少上場」と「ユニコーン企業」

将真……僕の今の夢は、起業家として成功して、父親を超えること。そのステップとして、「最年少上場」と「ユニコーン企業」を実現させることです。これが野望となりました。両立させることは、簡単に一人ではできないことですよね。

空本――「ユニコーン企業」として、何かしらのプラットフォームを提供するテクノロジー関連企業をこれから新たに共同創設して、「ユニコーン企業」を目指す。一方で、金融リテラシー教育塾「ジェネスク」の運営や投資事業などの既存ビジネスからの派生企業として築き上げて、最年少上場を目指していくということですね。

将真……自分のビジョンが段々と纏《まと》まってきました。ありがとうございます。

9　空本のビジネスビジョン──「若者の道先案内ビジネス」と「電力ビジネス」

将真……先ほど、空本先生の夢について、放射能除去装置とか、原子力とか、政治とか、恋愛とか、お聞きしましたが、政治家ではなくて、事業家としてビジネスについて何を考えているんですか。

空本──「夢と理想」の対義語は「現と現実《うつつ》」ですが、夢を現実にするために具体的な目標を掲げて行動することが必須です。これまで抱いた夢を現実にするために行動してきました。原子力とか、政治とか、恋愛とかは、頑張れば、想えば、ある程度までは何とかなります。

しかし、一つ難しいのは「放射能除去装置」の開発です。

将真……どうして「放射能除去装置」は難しいのですか。恋愛も難しいと思うんですが。

空本──私の考える「放射能除去装置《ほうしゃのうじょきょそうち》」は、放射線を発する能力「放射能《ほうしゃのう》」を有する放射性物質（放射性核種《ほうしゃせいかくしゅ》）を消滅させる装置ですが、物理学上、理論的に厳しいからです。新しい大理論が見つからなければ、厳しいです。

将真……どんな物理の法則なんですか。

空本──放射性核種を消滅させる「消滅処理」とか「核種分離《かくしゅぶんり》・核変換処理《かくへんかんしょり》」とか、研究されているのですが、加速器などを使って放射性核種に中性子等の粒子をぶつけて、原子核反応による核変換を行い、安定あるいは半減期《はんげんき》の短い核種に変えてしまう物理的な方法が検討されているんですが、膨大なエネルギーを必要としていて、経済性が合わないのが現状です。

放射性物質を効率的に消滅・核変換させる新しい物理法則が必要なんです。相対性理論や量子力学の次なる新しい物理法則の大発見が必要なんです。

将真……すいません。難しすぎて、よくわかりません。恋愛の法則なら、分かりそうなんですが（笑）。

空本──ゴメンごめん。物理も恋愛も難しいよね。兎に角、放射能を減らすとか、ゼロにするとかといった技術の開発はとても厳しいといったところです。でも、何とかして、開発したいですね。

他にも実現したいビジネスは沢山あります。恋愛の法則もあるのなら、追究してみたいけど、恋愛は頭で考えてはいけないと思います。法則ではなくって、心でハートで想わないといけないのかな。

将真……物理の方は分かりませんが、恋愛は最近分かりだしたかも……。

空本――技術畑出身の政治家として活動してきたけれど、電力・電気通信の専門家として、事業家として、自ら、電力エネルギー安定化ビジネスを立上げることも目標の一つです。

さらに、癌で亡くなった大事な人と一緒に考えていた「若者支援の道先案内ビジネス」や「若者や女性を輝かせるコスメビジネス」なども計画段階にあって、どのように実現させようかと考えていたところです。

将真……若者への道先案内ビジネスって、面白そうですが、どんなことを考えているんですか。コスメビジネスも空本先生からして縁遠いジャンルではないですか。

空本――人と人には相性がありますよね。この人とはどうやっても上手くいかない。

仕事にも向き不向きがあります。
そこで、ちょっと研究している統計学に基づく「四柱推命《しちゅうすいめい》を活用した道先案内システム」の特許《とっきょ》を五年前くらいに考案中でして、特許明細書を書いていたんですけど、止まっています。
そこでは、若者や女性がより輝けるようにするための笑顔づくりやコスメ事業も取り込もうとしていたんです。特許書くのは得意なので。

将真……四柱推命って、何ですか。

空本――四柱推命は、生年月日や生まれた時刻をもとに人の運勢を占うというものです。四柱推命は陰陽《いんよう》五行説《ごぎょうせつ》と干支《えと》をもとに、緻密《ちみつ》な計算によって導き出す占術《せんじゅつ》です。
ただし、単なる占いではなくて、統計をもとに導き出された統計学という側面も持ち合わせています。だから、その的中率は高い。古代中国三〇〇〇年の歴史に遡《さかのぼ》りますから。中国では、政治の大事な場面などで必ず使われてきました。

将真……何か、面白そうですね。でも特許にもなるんですね。

空本――仕組みとして構築すれば、一つのソフトウェアにもなり、特許申請もできるんです。これまで、原子力関係で東芝時代に毎年数件、特許明細書を書いて申請していたので、オチャノコサイサイなんです。

将真……原子力と言えば、電力エネルギー安定化ビジネスを挙《あ》げておられましたが、どんなビジネスなんですか。

空本――今、多くの原子力発電所が福島第一原発事故から止まっていて、厳寒《げんかん》の冬とか、猛暑の夏とか、原発を再稼働させないと電力不足が確実に起こります。

ソーラーパネルなどの再生可能エネルギーもよいのですが、電力供給に限界があります。だから、電力を安定的に供給できるエネルギー供給システムが重要となります。

蓄電池《ちくでんち》技術での大発明もしてみたいですね。新たな蓄電技術を開発したなら、ノーベル物理学賞は間違いない。これらの総合的な電力エネルギーを安定化させるための事業も起こしたいですね。

将真……色々と深いですね。

空本――では、ふたりの其々《それぞれ》の野望をまとめてみましょうか。

10　二人の野望

（その1）「世界のためのノーベル賞を目指す政治家」――空本誠喜

空本――二十一世紀を迎え、私たちの生命や生活を脅《おびや》かす最大の問題は何でしょうか。それは、食料問題、エネルギー問題、地球環境問題、そして新型コロナウイルスなどの感染症パンデミックです。

私たちの社会は、利便性を求め過ぎ、グローバル化を進めてきたトバッチリとして、まさに今、私たちの生命や生活が逆に脅かされています。

そして、原子核からエネルギーを取り出す技術、原子力や核融合を開発した一方で、そのコインの裏《うら》・表《おもて》にあたる核兵器も開発して、広島や長崎に投下してしまいました。

生命や生活を脅かす問題は、民族と宗教問題とあいまって紛争の火種《ひだね》にもなっています。私は、一九九九年、「二十一世紀は、戦争、飢餓《きが》、難民の世紀」になると尾崎行雄記念財団の咢堂塾《がくどうじゅく》で発表しました。〔追記＝二〇二二年五月一日。今、まさに、ウクライナ情勢は、ギリシャ正教を源流とするモスクワ正教会とウクライナ正教会の対立と、そしてユダヤ教の混在による宗教戦争の側面もあって、難民までを生み出し、現実化してしまいました〕。

では今後、私たちは何を拠《よ》り所《どころ》として、何を求め生きていくべきなのでしょうか。「互いに助け合い、仲良く、幸せに、健康的に生きていくこと」、すなわち「共生《きょうせい》」が私たちの求める社会の基本ではないでしょうか。そして生命の安全と幸せな生活空間の創造維持を求めていくべきでしょう。

そして、原子力の平和利用の一方で、「核兵器廃絶」を強く求め、実現していかなければなりません。

「核兵器廃絶」や「共生」を実現するために、我々は何を為《な》すべきでしょうか。私は、政治家として、エネルギーと食料の安定供給、それを守る防衛、さらに「核兵器廃絶」について目標をもって行動していきます。
よく言う、エネルギー安全保障、食料安全保障、国家安全保障、そして核兵器廃絶をセットで具体的な目標を掲げて取り組んでいきます。

（その２）「社会に求められる起業家を目指す」——田中将真

将真……今の夢は、起業家として成功することですが、それだけでは、足りないことが何となく分かってきました。ようやく自分のビジョンが纏《まと》まってきました。そこに必要なものは、何か。何事も一人ではできない。だから、人に求められる、社会に求められる起業家を目指さなければならない。

（その３）「国際貢献を目指す事業家」——空本誠喜

空本——先ほどは、若者や女性がより輝けるようにするための「若者支援の道先案内ビジネス」や「コスメビジネス」について言及しました。女性は偉大ですよね。亡くなった大事な人も、かつて私のいたらなさで離婚した奥さんも、素敵な女性でした。今はバツイチの独身だけど、これから伴侶となる素晴らしい女性をプロデュースして輝かせながら一緒に飛躍することも進めていきます。周りをも一緒に幸せにするビジネスを展開していきます。

そして、「電力ビジネス」に加えて、将真君のお父さん達の知恵も借りて「堅実な不動産ビジネス」も展開しましょう。

電力ビジネスについては、国際貢献が重要です。特に、世界一の人口となる十四億人のインドでは、非効率な石炭火力による二酸化炭素の排出が問題となっています。私は、インド他の新興国へ日本の優れたインフラ技術を輸出提供して、温室効果ガスの抑制を図るなど、具体的な事業を進めていきます。例えば、石炭ガス化複合発電（IGCC）や石炭ガス化燃料電池複合発電（IGFC）などの二酸化炭素の排出を大幅に抑制できる効率的な発電システムを、インドの友人の力も借りて、事業展開させます。あわせて、環境負荷を考慮した新興国のエコ住宅に係わる堅実な不動産ビジネスも立ち上げます。夢が多すぎるとか、事業が大きすぎるとか言われるかもしれませんが、今、必要な社会貢献の事業です。必ず、現実的な事業として展開していきます。

11　思考を言霊にすれば、実現は加速化する

空本――ふたりの野望がまとまったところで、一つお伝えしておきますね。それは、「思考を言霊《ことだま》にすれば、実現は加速化する」です。こうやって本を書いて自分の考えを纏め、言葉にすると、そこに魂《たましい》が宿《やど》り、そしてその言霊が、私たちの行動をあとおししてくれる。実現により近づく。私の新たな「座右の銘」ですね。

私は、自分の発言にとても注意しています。言霊《ことだま》だから。

将真……有言実行《ゆうげんじっこう》ですね。

空本――自分の言葉で言ったことに、発言したことに、必ず責任を持つこと。それが、自分自身を律するし、人間として信頼されます。

第Ⅱ章　ビジネスイノベーション

1. 既存のビジネスとテクノロジー

1 実業《じつぎょう》と虚業《きょぎょう》

空本《そらもと》――ユニコーン企業とか、最年少上場とか、宣言するのだから、やはり「実業」と「虚業」を意識しておいた方がよいと思います。「実業」や「虚業」といった言葉を聞いたことはありますか。念のため。

将真《しょうま》……「実業」とは実体のある事業のこと。「虚業」は正直聞いたことがありません。どういった意味の違いがあるのですか。

空本――「虚業」は、あまり聞いたことないですよね。

まず「虚業」とは、「堅実でない事業」、「実体を伴わない事業」と言われています。例えば、マネーゲームは一般に「虚業」として見られています。

一方、「実業」とは、実業家とか実業界とかの「実業」ですよね。「堅実な事業」、「実体のある事業」であって、辞書などでは、「農業・林業・水産業・鉱工業・商業などのように、生産・製造・売買・サービスなどに関する事業」と記されています。

将真……なぜ、起業にあたって、「実業」と「虚業」を意識しなければいけないんですか。

空本――「起業家」として、「実業家」として、成功するためです。「虚業家」とか呼ばれたくないでしょ。

将真……そうですね。

空本――新しいビジネスモデルを産み出して、新たなスキームで利益を上げるとき、社会はすぐには「実業」として受け入れないことが多いです。本物の起業家や実業家になるためには、このことを知っておくことが大切だと思います。

将真……何となく、分かりました。

空本――リクルートを東大時代に起業した「日本初の学生ベンチャー起業家」江副浩正《えぞえひろまさ》さんのことを知っていますか。三十数年前（一九八八年）のリクルート事件は、当然知らないですよね。

将真……すみません。リクルートは聞いたことありますが、ちょっと存じ上げないです。

空本――リクルートを起業した江副さんの成功と失敗、隆盛《りゅうせい》と失墜《しっつい》については知っておくとよいと思います。

当時、リクルートは、今のITビジネスの前身たる情報ビジネスを産み出し、快進撃を続けていたんですが、守旧派《しゅきゅうは》の古い体質の日本の財界からは、「虚業」とみなされていました。

江副さんは、経団連《けいだんれん》や経済同友会《どうゆうかい》などの財界入りを果たすも、「虚業家」と呼ばれることもあったようです。

将真……そうなんですか。今は大企業なのにもかかわらず、むかしは、その様に言われていたんですね。

空本――NTTの民営化で民間企業が通信事業に参入できるようになり、リクルートも通信事業へ進出しようとしていました。

それで優秀な理系の学生を大量に採用したことから、「製造業などの実業で活躍すべき人材が虚業に奪われた」と財界から批判もあったようです。でも今のリクルートは、東証一部に上場している安定した大企業なんですけどね。

私が大学院生のとき、三〇年前ですが、毎週末、金曜日の深夜、渋谷のジャズ・バー「クリップ・ジョイント」でひとりで飲んでたんですが、リクルートの元気な若人《わこうど》やアメフト部も多く来てて、同学年だけど大人っぽく綺麗《きれい》で素敵《すてき》な女性もいて、好きになって口説いたりしたんですが、すっごく明るく元気な会社でしたよ。ちょっと話が逸《そ》れましたね（笑）。

将真……昇《のぼ》り調子の会社だったんですね。でも江副さん、なぜ失敗したんですか。

空本――それで「虚業」と呼ばれるコンプレックスからか分かりませんが、江副さんはノンバンク事業や不動産事業へも傾注《けいちゅう》していき、リクルート事件（政財界での贈収賄《ぞうしゅうわい》事件）につながっていったようです。

私の見方としては、冤罪《えんざい》ではなかったかとも。出る杭《くい》は打たれるではないですが、当時の江副さんは「民間の暴れ馬」と評《ひょう》されていて、江副さん自身は無罪を最後まで主張されましたが、世論誘導が得意なメディアによる江副バッシングも激しくて、有罪となりましたが、当時の証券業界の慣例や常識からすれば本当は冤罪《えんざい》ではなかったかとの声もあります。

これが現実の妬《ねた》みと嫉妬《しっと》の政財界《せいざいかい》の世界です。

将真……とんでもないところですね。

空本――起業家は、今や、「隙間《すきま》産業」を狙《ねら》って起業するのが当たり前ですが、当時は、リクルートのビジネスモデル、情報ビジネスは、「隙間産業」と冷ややかに見られ、「虚業」として蔑《さげす》まれていました。

将真……今としては、虚業も実業もあまり変わらないのではないですか。今のものは改革が起きて、ベース・基盤ができて、実業になっていくんですね。

空本――江副さんは、当時は「誰もしていないことをする主義」だったとか。まさに起業家に必要な心構え、ポリシーですよね。

去年、『週刊ポスト』(二〇一九年一一月・一五日号)で読んだんですが、ジャーナリストの田原総一朗さんは「江副があのまま潰《つぶ》されずにいたら、彼はそれこそ『グーグル』を作っていたはずだ」と発言されていて、リクルート事件がなかったら、「グーグル」を超える情報ビジネスを江副さんは作り上げていたかも知れません。

将真……とてつもなく、凄《すご》い人材を、日本の経済界は、潰したんですね。

空本――ここで思考を言霊《ことだま》にすれば、実現は加速化するなんですが、リクルートが無料配布してきた求人広告のフリーペーパーですが、「江副さんがぼんやり考えてきたことを言葉にしたことで実像となった」とのことです。

江副さんがずっと考えてきた「広告だけの本」を無料配布すると初めて口に出して言ったとたんに反対の声が次々に上がったようです。けれど、それを実現して、そのビジネスモデルがリクルートの礎《いしずえ》になっていますよね（参考出典『江副浩正』日経BP社）。

将真……SNS系のグーグル、ツイッター、インスタグラムとかの広告収入ビジネスも、これに入りますよね。

2　金融ビジネスは実業か

空本――さて、投資ファンドなどを含む金融業は、一般の人からは、「実業」ではないのではないかとの見方もありますが、どう思いますか。

将真……ものによると思います。

空本――金融業は、基本的には、銀行、信託、保険、証券、貸金などの金融庁が規制監督する本業ビジネスですが、複雑な形態をとることが多くて、一般の人からはよく分からない「マネーゲーム」として「虚業」扱いされることもあります。

将真……一八歳になったら、バーチャルではなくて、実際のＦＸトレード（取引）を始めようと思っているんですが、ＦＸも「マネーゲーム」と見られますか。

空本――はい、一般的には、ＦＸのような金融商品で儲《もう》けようとする際には「マネーゲーム」や「虚業」と見られます。言い方は悪いですが、ズル賢《がしこ》い人達が携《たずさ》わっている分野と色眼鏡《いろめがね》で見ている人が多いです。実際にトレードをするなら、そのことを理解した上で行うべきだと思います。

特に、金融リテラシーに係わる教育塾を本格的に展開するなら、要注意です。やり方によっては、「虚業家」として非難の対象になるからです。出る杭《くい》は打たれる、出過ぎた杭《くい》は抜かれるです。

将真……確かに、としか言えないです。

空本――そこで「虚業」と見なされないためのポイントがあると思います。

それは、①頭脳労働だけではない一生懸命さのあるビジネスであること、②地球環境や人類社会に貢献できるビジネスであること（世の中のためになっていること）、③正しく儲けていること（儲け方が表面的には分かりにくくても）、④詐欺《さぎ》や架空のビジネスではないこと、などではないかなと考えています。

将真……正しく儲けていることを、表立って出していきたいと思います。

空本――斬新《ざんしん》で目新しいビジネスモデルは、直ぐには、その儲け方がよく分からないことから怪訝《けげん》に見られることが多いですよね。

例えば、最近、小学生の将来なりたい職業の上位にあるユーチューバ

（YouTuber）なども、その儲け方は最初はだれも分からなかったはずです。

将真……おっしゃる通りだと思います。

空本——一九九〇年代から二〇〇〇年代にかけての商法改正があって、株式分割や株式交換が変更・導入されて、これら商法改正による株式市場と規制の急変を逆手にとったやり方で行われた「マネーゲーム」が批判されましたが、何か知っていますか。

将真……あまり知りません。

空本——ライブドア事件や「ライブドア」によるニッポン放送株の買占め、「村上ファンド」による阪神電鉄株の大量取得など、まさに短期間で頭脳戦だけで大儲けをしようとする「マネーゲーム」として批判されました。

堀江さんや村上さんは、メディアで注目される存在ですが、「起業家」「実業家」として成功して父親を超えるためには、世の中から評価され受け入れられ、長期的ビジネスとして成り立つ「実業家」を最終的には目指すべきではないですか。

逆に、世の中から批判されたり、長続きしない「虚業家」とならないように自己研鑽《けんさん》をしなければ。

空本——世の中に貢献できる実体のある「実業」を目指すこと、実体のない「業《ぎょう》を虚《むな》しく」する「虚業」は避けるべきです。どうですか。

将真……やはり長期的にやっていくことが一番。実業家としても近道ではないでしょうか。

3 テクノロジー企業

空本——次に、ユニコーン企業の条件「テクノロジー企業」について、その具体的なイメージについて考えてみましょう。では、「テクノロジー」とは日本語でどのような意味でしょうか。どのようなことを意味する言葉でしょうか。何も調べず、直感でお答えください。

将真……改めて定義付けると難しいですね。テクノロジーというとＩＴを駆使《くし》した事業といったイメージしかないです。

空本――やはり、ピンボケ、ピントが呆《ぼ》けていますね。一般に「テクノロジー」とは、「科学技術」を意味します。また、「科学技術を利用する方法論」とか、「科学的知識を様々な分野で工学的に応用する方法論」などと辞書などで定義されています。まずは、先端的な「科学技術」を意味することが多いですよ。

自動車も、電気製品も、携帯電話やスマートフォンも、コンピュータも、ロケットも、スカイツリーも、ビルも、発電所も、全てテクノロジー（科学技術）のもとに成り立っています。勿論、ＩＴ（情報技術）もあります。

将真……自分のテクノロジーの捉え方は、ＩＴに偏《かたよ》っていたんですね。ソフト的なものだけでなく、ハード的なものが基盤だったんですね。

4　ローテクとハイテク

空本――では、テクノロジーには、「ローテクノロジー」とか「ハイテクノロジー」

という分類もあります。「ローテク（(low-tech)」と「ハイテク（high-tech)」は、この間、少し話したと思いますが、どのように認識していますか。

将真……なんとなくローテクがあってのハイテクだと思っていますが、まだよく分かりません。

空本——私は、既存の基盤技術と新規の先端技術と区別して考えています。まず、「技術大国」かつ「モノづくり大国」としてむかしから培《つちか》ってきた成熟した完成度の高い基盤技術がローテクであって、電気・通信・機械・建設・土木・材料・化学・資源などでの基盤技術であると認識しています。

一方、ハイテクは、電気通信、半導体・電子部品、電子情報、生物・バイオ・医療・医薬、航空宇宙・新材料、ハイテクサービス、新エネルギー・省エネルギー、資源・環境など、様々な工学分野の新技術に加えて、これまでのローテクを改良技術なども、ハイテクに含まれていると考えています。

将真……ローテクとハイテクの定義は奥が深いんですね。

空本——航空工学、原子力工学やロボット工学などは、機械加工や溶接や電気などのローテク、ＩＴ（情報技術）やＡＩ（人工知能）などのハイテク、そしてローテクとハイテクの融合技術によって成り立っています。

また電気回路・電子回路を基礎とするコンピュータやエレクトロニクス分野においても、コンデンサや抵抗やトランジスタといったローテクから、ＩＣ（集積回路）、ＬＳＩ（大規模集積回路）、超ＬＳＩ、システムＬＳＩ（多数の機能を1個のチップ上に集積した超多機能ＬＳＩ）などのハイテクが一緒に混在していますよね。

将真……難しすぎますよね。テクノロジーと言っても、一概にこれとは言えないんですね。

空本——その通りです。またローテクとハイテクの違いとして、大きさ（長さ）と時間のスケールの違いもあります。人によって違うと思いますが、私の感覚では次の通りです。

●ローテクは、マイクロメートル～キロメートルのオーダーと、マイクロ秒のオーダー以上。

●ハイテクは、マイクロメートル未満、フェムト秒〜ナノ秒〜マイクロ秒のオーダー。

ちょっと物理の世界でしたね。東大や東芝で研究開発していたときは、ナノ秒とか、ピコ秒とか、フェムト秒とか、またナノメートルとか、こんな世界が普通だったので。

将真……自分は全くそんな世界を知りませんでした。まだよく分からない世界ですね。

空本——今はやりのＡＩ（人工知能）は、私が学生時代、三〇年前、東大・原子力の隣の研究室でも研究していました。ただし、記憶媒体やメモリーの容量はキロバイトからメガバイトのオーダーでしたので演算に限界がありました。

今の様に、ギガバイトからテラバイトのような桁違いに容量アップした、メモリ環境の到来によってビッグデータを取り扱えるようになって、ＡＩが飛躍的に進歩しました。

将真……スマホのアプリとか、ゲームソフトは、ハイテクなんですか、ローテクなんですか。

空本――コンピュータやスマートフォンなど、ハイテクとローテクが融合したハードウェアにインストールされ、組み込まれているソフトウェアのことです。

将真……なるほどとしか言えないですね。

5　ハードウェアとソフトウェア

空本――では、「ソフトウェア」と「ハードウェア」といった用語もあるんですが、区別はつきますか。

将真……イメージとしては、ハードウェア*がソフトウェアの基本？というような抽象的なイメージです。

空本――ハードウェアは、機械、装置、設備などの物理的なものを指します。例えば、自動車も、テレビも、コンピュータも、携帯電話やスマートフォンも、発電所やその中の設備機器も、電気製品も、ハードウェアだと認識しています。

一方、ソフトウェア*は、コンピュータの分野でハードウェアに対比される用語で、コンピュータやスマートフォンなどに内臓されたＯＳやプログラムやアプリなどです。何か、大学の教養課程でコンピュータ概論を講義しているようですね。

将真……イメージができました。アプリとサービスを組合わせた事業からスタートでしょうか。

空本――よく分かったでしょ。

＊ハードウェア　＊ソフトウェア

ハードウェアまたはハードとは、物理的な機械、システム上の物理的な構成要素を指す。日本では機械、装置、設備のことを指す。コンピュータ分野では、コンピューター本体や関連装置など、物理的に目に見えるものをハードウェアという。

ソフトウェアまたはソフトとは、コンピュータ分野でハードウェアと対比される用語である。①コンピュータで何らかの処理を行うプログラム、②ハードウェアの管理や基本的な処理をアプリケーションソフトウェア（アプリ、応用ソフト）、③ユーザーに提供するオペレーティングシステム（ＯＳ）などのシステムソフトウェアに分類される。

6　今さら聞けないインターネット――核兵器と原子核物理からの副産物

将真……知っているようで、知らないインターネット。ネットビジネスを展開するにあたって、教えてください。どのようにして、インターネットが構築され、普及されてきたのですか。

空本――「インターネット」とか「ホームページ」という言葉が一般的になったのは、一九九〇年代半《なか》ば以降だったと記憶しています。私が大学院で博士号を取得して、東芝の原子力事業部に入社したあとだと思います。

ただし、学生時代、一九九〇年前後には、東京大学内では、研究室の大型計算機端末やワークステーションやマッキントッシュ・コンピュータから、インターネットに接続して、遠隔サーバへのログイン操作（telnet）、ファイル転送（FTP）、電子メール（SMTP）、チャット（IRC）、電子掲示板、ネットニュース（NNTP）などを利用していました。

将真……では、インターネットって、どのようなものなんですか。

空本――インターネットとは、簡単に言えば「複数のネットワークとネットワークをつなぐもの」、もう少し詳しく言えば「情報伝達のために世界中のコンピュータやスマートフォンなどを相互に接続する通信網（＝特定の通信方式「ＩＰ」と通信インフラや電子機器の総称）」のことを指します。

将真……では、いつ頃から始まったんですか。

空本――現在、みんなが閲覧《えつらん》している「ウェブサイト」とか「ホームページ」の原型が最初に発表されたのは一九九〇年一二月のこと（一九九一年八月に公開との見方もあり）。欧州原子核研究機構（ＣＥＲＮ）のティム・バーナーズ＝リー（Tim Berners-Lee）によって、世界で初めてとなるウェブサイトが公開されました。公開されたウェブサイトのＵＲＬアドレスは次の通りです。今でも見れますよ。　http://info.cern.ch/hypertext/WWW/TheProject.html

将真……原子核研究機構ですか。そこで開発されたんですか。

空本――ウェブサイトは、そうなんです。高エネルギーの加速器を用いた原子核物理学や素粒子《そりゅうし》物理学を研究するワールドワイドな研究機関で開発されたんです。

山手線（全長三四・五キロメートル）より少し短い全周二七キロメートルのリング状の大型ハドロン衝突型加速器《しょうとつがたかそくき》を稼働《かどう》させて、二〇一二年に「ビッグス粒子」という素粒子を世界で初めて観測した研究所なんです。

現在は、宇宙の大部分を構成しているであろう「ダークマター（暗黒物質）」という未知の粒子の検出を目指しています。ちなみに「ダークエネルギー（暗黒エネルギー）」が天体物理学者によって既に観測され、ノーベル賞を受賞されています。

将真……スターウォーズの「ダークサイド」ではないですよね。「ダークサイドのフォース」のエネルギーが「ダークエネルギー」とか。

空本――実は、現代の素粒子物理学や宇宙物理学が探求しているのが「ダークマター（暗黒物質）」と「ダークエネルギー（暗黒エネルギー）」なんです。ジョージルーカスに聞かなければ分からないけど、この物理学上の暗黒物質や暗黒エネルギーを何か意識しているんじゃないですか。

将真……暗黒物質って、有るんですか。なぜ、空本先生は詳しいのですか。

空本――有ると考えています。

実は、私も学生時代、高エネルギー加速器を使って研究してまして、高速に加速させた陽子ビームを使って高速中性子を発生させる実験とか、トリチウム（三重水素）を含ませたターゲットにデューテリウム（二重水素）を加速衝突させる核融合《かくゆうごう》実験とか、原子力の聖地である茨城県東海村の東京大学の研究施設で楽しく遊んでました（正確には、楽しく、一生懸命、研究してました）。

将真……核実験ですか。トリチウムって何か聞いたことがあるんですが。

平和利用のための一種の原子核実験ですけど。

空本――あくまで、原子力の平和利用のための核エネルギー開発を東京大学で研究してました。被爆者を家族に持つ被爆地ヒロシマ出身の研究者としてです。

実験準備は本当に大変ですが、実験データを取るのも相当な根気が要《い》りますが、研究者にとって、実験や試験は終わってみれば楽しく感じるものです。

ちなみに、トリチウムとは、福島第一原発事故で今話題となっている「汚染水」から簡単に取り除けない放射性物質のことです。

将真……よく分かりました。ところで、なぜ、インターネットが原子核の研究所で開発されたんですか。

空本――正確に言うと、インターネットという概念は、米国とソ連が対立していた東西の冷戦下で核兵器による攻撃を受けても壊されないコンピュータのネットワークシステムの構築を目指して検討が始まったとされているんです（俗説という人もいますが）。

そもそも、私が生まれた一九六四年に発表された、米国のＲＡＮＤ研究所のポール・バラン（Paul Baran）による障害に強く秘匿性《ひとくせい》の高いネットワークについてのメモ「On Distributed Communications（1962）」から始まったとされています。

将真……核兵器とインターネットも繋《つな》がっていたんですね。

空本――一九六九年に、米国の国防省のＡＲＰＡＮＥＴというネットワークが、大学や研究所のホストコンピュータと専用回線で結ばれて、インターネットが初めて構築されたんです。
　そして、一九八〇年代半ばに、ＮＦＳＮＥＴというネットワークに多くの大学、研究機関、民間会社の研究部門などが参加し、ネットワーク網が拡大していったんです。
　ただし、大学や研究機関で研究用の学術ネットワークとして発達していただけで、今のようなパソコンやスマホで簡単に閲覧《えつらん》できるウェブサイトではなかったんです。

将真……当時、インターネット＊って、どんな感じだったんですか。

空本――先ほど、言ったように、大学内では、研究室の端末やコンピュータから電子メール、電子掲示板、ファイル転送などが自由に利用できて、理系の学生や研究者にとっては便利なツールだったんです。でも、一般大衆にはインターネットはまだ開放されていなかったんです。

将真……東大生の特権だったんですね。

空本――違う違う、データファイルを送信したり、シミュレーション計算などを遠隔サーバでさせるときなどの研究のツールだったんです。プログラミングが得意な人でないと扱《あつか》い辛《づら》く、一般の人には直《す》ぐには使えなかったんです。

将真……今のようなウェブサイトはなかったんですね。

空本――それで、一九八九年に欧州原子核研究機構（ＣＥＲＮ）のティム・バーナーズ＝リーが「ワールド・ワイド・ウェブ*」、すなわちインターネット上で標準的に提供されている公開閲覧《えつらん》システム（ハイパーテキストシステム）を考案しました。

そして一九九〇年から一九九一年にかけて「ウェブサイト*」を公開して、一九九五年にインターネット標準規格（ＴＣＰ／ＩＰ）、通信プロトコル（telnet, ＦＴＰ）やブラウザ（ウェブサイトを閲覧するために使うソフト）等を標準搭載したウィンドウズ95（Windows 95）がリリースされたことから、インターネットが普及したんです。ウェブサイトやホームページを閲覧できるようになったんです。

こうして、今日のインターネットとウェブサイトとが構築されていったんです。

＊インターネット

「ＩＰ」技術によって相互接続されたコンピュータネットワークを指す。一九八二年、「ＴＣＰ／ＩＰ」が標準化され、「ＴＣＰ／ＩＰ」を採用したネットワーク群を世界規模で相互接続するインターネットという概念が提唱された。

＊ワールド・ワイド・ウェブ（ＷＷＷまたはＷｅｂ）

「ＷＷＷ（World Wide Web）」または「Ｗｅｂ」とは、インターネット上で標準的に提供されている公開閲覧システム（ハイパーテキストシステム）である。正確ではないが、汎用的に「Ｗｅｂ」を「インターネット」と呼ぶことが多い。一九八九年、欧州原子核研究機構（ＣＥＲＮ）で考案・開発され、一九九〇年（一九九一年の情報もあり）、人類初のウェブページが公開された。

＊インターネット・プロトコル・スイート（ＴＣＰ／ＩＰ）

「ＴＣＰ／ＩＰ」とは、コンピュータネットワークを支えるための最も重要な通信方式に係わる要素と技術であり、ＴＣＰ「Transmission Control Protocol」とＩＰ「Internet Protocol」を組み合わせたもの。

7　ＩＴ事業とインターネット事業

将真……では、インターネットがどのようにビジネスに繋がっていったんですか。

空本――その前に、ＩＴ事業とインターネット事業またはウェブ事業について、整理しておきましょう。そこで問題です。ＩＴとは何の略語ですか。意外と、みんな間違えるんですよね。

将真……インフォメーション・テクノロジーです。

空本――さすがですね。私も時々、言い間違えることがあるんです。でも、どんなビジネスでも、胴元《どうもと》商売、胴元ビジネスが一番確実ですよね。

将真……胴元ビジネスとは、何ですか。

空本――一番儲《もう》かるプラットフォームを提供するビジネスですね。元々、胴元とは、賭博《とばく》の元締《もとじ》めで、賭《か》け金の出来高の歩合《ぶあい》などを取る総元締めですが、ＩＴ技術、ＡＩやＩｏＴビジネスなどでは、「場」といったプラットフォームを提供することで、各プレーヤーたる事業者から一定の手数料を手に入れる。結局、最も「おいしい」商売です。

ですから、手数料ビジネスも含まれますね。プラットフォームビジネスですね。

8　具体的なIT事業

将真……具体的にどのようなビジネスがプラットフォームビジネスなんですか。

空本――これは、ビジネス雑誌の受け売りなんですが、一つは、システムやアプリケーションを動かすために必要な環境・基盤で、代表例はパソコンのOS（Windows・Mac OS）です。

もう一つは、商品・サービス・情報などが集まる場所を提供する事業です。例えば、「GAFA（Google・Apple・Facebook・Amazon）」が挙げられる「プラットフォーマー」です。

このほか、ＩＴ基盤たる電気通信事業など、参入は難しいですが、まさにプラットフォームビジネスであって、胴元商売ですよね。

将真……ＦＸによるプラットフォームビジネスを考えてみたいですね。

空本――ＦＸは詳しくないのですが、金融商品取引は金融庁による規制事業でしょうから、注意してビジネス構築する必要がありますね。既存の色々なビジネスを全体俯瞰《ふかん》しておいた方がよいかも。

将真……オンラインサロンやオウンドメディアなどに興味があります。

空本――オウンドメディアって、聞いたことないけど、どんなメディアですか。

将真……自社で所有、管理しているメディア（媒体）のことで、メルマガやブログ等も含まれます。

空本――ちょっと調べてみますが、インターネット業界やＷｅｂ業界、情報処理サービス業界・ソフトウェア業界・ハードウェア業界、電子決済ビジネス、ＳＮＳ事業、インターネット広告事業、インターネットモール・ショッピングコミュニティ事業、eBook 事業、そして電子商取引などなど、雑多《ざった》ですけど、全体像を把握するとよいと思います。

2．必要な知識と経験

1　起業家の資質

空本——まず起業で成功するにあたって、大切なものは何か、それは、起業家としての資質ですよね。起業家に必要な資質とは、何か。将真君の考えはどうですか。

将真……僕は、「貪欲《どんよく》さ」、「やりきるマインド」、「問題解決思考」、そして「ポジティブ思考」だと思っています。

空本——高校生らしい考え方ですね。厳しく言えば、表現はまだまだですが、その志《こころざし》は素晴らしいと思います。概《おおむ》ね、必要な資質ですよね。

私の表現の仕方とすれば、「先見性《せんけんせい》」、「俯瞰力《ふかんりょく》」、「謙虚さと誠実さ」、「決断力と判断力」、そして「責任感」と「実行力」ではないでしょうか。また、「知識」と「経験」も必須の素養だと考えます。

将真……なるほど……。

空本――「経験」については、まだ高校生だから限界があるけれど、「知識」をしっかり身に着けること、これは重要ですよね。

将真……確かにと思います。

空本――自ら本を読んだりして、これこそ貪欲に知識を身に着ける必要があります。

先見性ですが、経営環境はＩＴの発展とともに、非常に展開が早いですが、何よりも目先の利害にとらわれず、せいぜい数年先を読んだ先見性のうえに経営を行わなければなりません。

俯瞰力とは、物事について、全体を捉えて把握する能力のこと。広い視野を持って、客観的に物事を見ることです。

謙虚さ、自信はあっても、自信過剰になってはならない。謙虚さも必要ですよね。そして目標をもって計画的に、冷静だがポジティブ思考で向上心で、貪欲に物事に挑戦することが重要です。

将真……先見性や全体俯瞰は大事ですが、ビジネスのスピードが速すぎて、これを身につけることは大変ですね。

2 ビジネス成功のための帝王学

空本――帝王学について考えていきたいと思います。

将真……帝王学をなぜ学ぶ必要があるのですか。

空本――帝王学とは、「繁栄するための王者の知恵」と言われていて、政治やビジネスで大成している人には、帝王学を学んだ方が多くいるからです。

将真……そうなんですか。

空本――帝王学をお話しする前に、さて、「エンペラー」と「キング」は世界的にどちらが格上《かくうえ》でしょうか。それと大統領と首相はどちらが格上でしょうか。

将真……エンペラーは皇帝、キングは王様ですよね。……ですかね。

空本——国際的な序列としては、一般的に、皇帝、法皇、国王・女王、大統領、首相などの序列があると言われています。

ただし、宴席《えんせき》などでは、君主国での在位期間で席次《せきじ》を決めることもあるようですけど。ここで、君主とは世襲《せしゅう》により国家を治める最高位の人、皇帝とは「王の中の王」と言われています。

将真……では天皇陛下は、……ですかね。

空本——天皇陛下は、歴史的経緯もあって、現在、世界で唯一の「エンペラー」として呼ばれています。

秦の始皇帝で知られる中国の歴代の皇帝は、各地の王を従えて、その王たちを支配下において統治してきました。

ただし、我が国の天皇は、中国の書物で「倭王」と記されたこともあり、「万世一系」の血統による正統な「キング」かも知れませんが、中国皇帝と対等的立場であって、日本を独立国家として主権を守ってきた歴史的経緯から、国際的には「エンペラー」と称《しょう》されています。

将真……日本って、世界的にも凄《すご》いんですね。

空本——さて、本題に戻りましょう。帝王学とは、「帝《みかど》」と「王」が身に着けるべき人格形成や人間形成の教養学、この帝王学について考えていきましょう。帝王学には、広義《こうぎ》の帝王学と、狭義《きょうぎ》の帝王学の二つに分けられると思います。

まず、狭義の帝王学とは、皇帝をはじめとする皇室や国王をはじめとする王族など、生れながらにして、冠位《かんい》を有している方々が、継承していくための教育です。

一方、広義の帝王学とは、政治家や民間の経営者など、人の上に立つ人々が、人心掌握《じんしんしょうあく》して成功するための英知を体系化した教育です。

将真……どのようにして帝王学を学んでいくのですか。

空本——口伝継承《くでんけいしょう》と言われていて、生れながらにして、世襲制《せしゅうせい》のように帝王学を学べる環境なら自然と学べるんでしょうけど、その環境になかった人は、帝王学を学んできた人から学ぶ、よい意味で盗んでいくしかないかと思います。

将真……空本先生は帝王学を学んだことは。

空本——残念ながら生れながらにしてその環境にはなかったのですが、世襲の大物政治家から訓示を受けたり、行動を真似《まね》るとか、ありましたかね。まずは出会うことが大事ですね。

私の場合、まず小沢一郎先生と出会いました。そして衆議院議員に当選してから、田中真紀子先生や鳩山由紀夫先生からお話を聞く機会がありました。

将真……どんなお話とか訓示を頂いたのですか。

空本——田中角栄・元内閣総理大臣から「どぶ板選挙」をたたき込まれてきた小沢一郎先生には最初の頃はなかなかなか会えなかったです。政治家「田中角栄」も知っているよね。

将真……すいません。存じないです。

空本——そんな世代なんだね。田中角栄さん、日本の社会と政治を大きく変えた超大物政治家なんだけど、「日本列島改造論」をぶち上げて、今の日本の新幹線網や高速道路網を作った偉大なる政治家ですけど。ただし、貧しい幼少期も経験し、自らの手で自分自身の帝王学を作り上げていった人物です。

将真……そんなに凄《すご》いんですか。

空本――小沢一郎先生には、一九九八年に国会議員候補者コンテストで一度面接してもらって以来、選挙の実力をつけるまで、二〇〇三年まで会って頂いたことはなかったです。これもある意味での帝王学なのかも。衆議院議員の候補者になってからは、度あるごとに声をかけてもらいました。また二〇〇九年の当選してからは何かあればお話しできましたけど。

田中真紀子先生は田中角栄さんの娘さんで、有名な政治家ですよね。国会の中にある憲政記念館での党の両院議員総会だったと記憶しているのですが、遅れて会場入りしたときに、席が残りわずかで、真紀子先生の隣が空いていたんです。丁度、真紀子先生と目が合って、真紀子先生から促《うなが》されてお隣に着席させてもらったんです。

その時に真紀子先生と色々とお話ししたんですが、私の国会での発言を聞いてくださっていて、「空本先生は、本物の政治家ですよね」とお褒《ほ》めの言葉を頂いたことがあるんです。こんな言葉を聞いていると、田中角栄先生の生きざまとか、色々と学んでいるうちに、自らの帝王学が築かれていくのかとも感じています。

将真……ほかの大物政治家の方とはどうですか。

空本――鳩山先生は生まれながらにして政治家の家系ですから、宇宙人とも世間では呼ばれていますけど、やはりカリスマ的な存在ですね。

また初当選したときに国会議事堂前で初めてお会いした鈴木宗男先生からも色々と学ばせて頂いています。当時、外務委員会で鈴木委員長のもと理事としてご一緒させて頂きました。今は、一緒の政党「日本《ニッポン》維新の会」の所属なんですけど。

将真……ビジネス界ではどなたかいらっしゃいますか。ビジネス界で帝王学を学んできた方との出会いは。

空本――大企業の経営者や業界団体のトップの方々とはお会いしてきましたが、帝王学、どうでしょう。私が在籍していた東芝の歴代の会長や社長の方々とか、一代で成功された大企業や新興企業のオーナーの方々ともお会いしてきました。

皆さん、それぞれの経歴の中での人生経験から大局的にものを見られており、大変参考となりました。

将真君は、恵まれた環境にあり、帝王学をいろんな方と会って、学んでいく、その中で、自ら備えていくことですかね。

3　金融リテラシーと偽善教育

空本――金融リテラシー、すなわち「金融に関する知識や判断力」について考えていきましょう。そこで、質問です。一万円札と百円硬貨はどこが発行しているでしょうか。

将真……どこですかね。日本の国ですか。

空本――正解は、紙幣は日本銀行、硬貨は日本国、日本政府です。千円札を見てください。「日本銀行」って文字が印刷されてますよね。硬貨には「日本国」って刻印されてますよね。この知識も金融リテラシーの一部ですよね。

将真……なぜ紙幣と硬貨の発行元は違うんですか。

空本——明治時代、日本政府が戦費調達のために紙幣を乱発したことがあります。その結果、超インフレとなったからです。その反省から、日本政府が勝手に紙幣を発行できないように、政府から独立した日本銀行に紙幣を発行させるようにしたんです。

将真……なるほどですね。金融リテラシー教育はビジネスの柱にしたいので、もっと勉強しなければなりませんよね。

空本——私から一冊、テキスト『今さら聞けないお金の超基本』（朝日新聞出版）を渡しますから、そのテキストを一週間でひと通り目を通すこと。高校生ですから、今すぐ全てを理解できなくても大丈夫です。ただ、何がどこに書かれているか把握することに努めて下さい。

将真……はい、分かりました。やり切ります。

空本——さて、「お金」や「金融」については、キャッシュレス時代が到来して、インターネット取引も盛んとなり、また金融商品も複雑になっていますよね。またまたネット取引のトラブルや振込詐欺なども多発していますよね。さらに、子どもたちは、お金の実感を感じることが少なくなっていくと思いますよね。絶対に、正しい「お金」や「金融」についての教育は必須ですよね。

将真……確かに。本当の意味での金融リテラシースクールを作りたいです。

空本――『お金の使い方と計算がわかる　おかねのれんしゅうちょう』（学研プラス）という本が出版されています。

出版社からのコメントとして、「日常生活で買い物をする際、計算ができなかったり、小銭を使いこなせない小学生が増えているようです。社会が変化し、子どもへの金銭教育の機会が減っている今、親子で楽しく「おかね」の知識を身につけられる教材です。お店での買い物の場面での出題や、実物に近い絵やカード、シールを使うなど、お子さんが興味を持って取り組める工夫がいっぱい。無理なく楽しく「おかねの基礎」を学びながら、親子でお金の使い方を考えるきっかけにご活用ください」とあります。まさに親子のための金融リテラシー教材ですよね。

将真君との金融リテラシー教育では、偽善的ではあるけど、何かしら社会の為になる、勉強になる、参考となる内容としなければなりません。日本社会では、「お金」に関する教育というものは、タブーでしたよね。でも、金融ビッグバン以降、規制緩和され、ネットの普及とともに金融の複雑化と大衆化が起こり、そしてキャッシュレス時代が到来しましたよね。

そんな中で、様々な金融トラブルが発生していますよね。例えば、高齢者を中心とした投資詐欺、振り込め詐欺、クレジットカードのスキミング、電子メールでの架空請求、スパイウェア等の不正プログラムやフィッシングなども巧妙化《こうみょうか》していますよね。

そこで、「金融」とはどのような意味合いがあるか理解して、金融トラブルから身を守る必要がありますよね。

将真……であればこそ、ちゃんとした金融リテラシーを身につける必要があると感じています。

空本――「お金」と「金融」については色々な本に書かれていますが、「稼ぐ」、「納める」、「貯める」、「使う」、「備える」、「増やす」の六分類について、整理して分かりやすく説明することが大切ですよね。先ほどの提示したテキストにもこの様に分類されてますよね。

将真君は、ＦＸなどの金融商品、「増やす」に興味があるようですが、六分類について強弱をつけながら展開することを考えませんか。

将真……おっしゃる通りです。増やすだけ増やして、無くなっては元《もと》も子《こ》もないですからね。

空本――「稼ぐ」については、労働の対価として収入を得ること（所得）ですが、不労所得も合わせて、学んでいけばよいと思います。

「納める」は税金を納める納税のこと。「貯める」とは、お金を貯める貯蓄のこと。「使う」とはお金を使う消費のこと。「備える」は将来のための社会保障やいざという時のための民間保険など。「増やす」とは、投資や投機や資産運用など。

これらについて、みんなが知りたいことを中心に提示することが大切ですよね。

将真……元々「貯める」という考えがなかったので、これからは、全体を総合的に説明できるように頑張ります。

4　貯蓄、投資、投機、そして資産運用

空本——そこで、将真君が興味のある金融リテラシーの「増やす」ですが、「投資」と「投機」と「資産運用」について、「資産形成」や「貯蓄」と合わせて、どう違うと思いますか。

将真……最初は全て一緒だと思っていました。最近は個々の違いが分かりだしたところです。

空本——まず「資産形成」から。
「資産形成」には、「貯蓄」と「投資」の二つの方法があります。そして、「投資」、「投機」、「資産運用」ですが、これらを別個のものとして区別して解

説される方もおりますが、私なりの解釈としては、「貯蓄」も含めて、各々が交わったり、オーバーラップしたり、包含《ほうがん》されたりしている集合関係にあると考えています。

将真……なるほどですね。

空本――「貯蓄*」とは、銀行などに預貯金などとして、お金を蓄えていくこと。「投資*」は金融商品や不動産などに自身の資産を投じて資産を増やそうとする行為であり、「資産運用」は貯蓄や投資によって自身の資産を効率的に増やそうとする行為であって、「投機」は投資の中でも短期的な価格変動により利益を得ようとする行為だと区別しています。

将真……まさにその通りですね。

空本――用語のイメージからは、中長期的な「資産運用」は一番堅実に聞こえますよね。ただし、不動産投資などで目論見《もくろみ》が外れれば、負の資産ともなり得ます。

中長期的な「投資」も安全性が高いですが、経済動向によっては価値が下がる場合もありますよね。

最後に、「投機」はハイリスク、ハイリターンですから、ギャンブル性が高く、博打《ばくち》的な意味合いが強いと考えています。

将真……確かに、ハイリスク、ハイリターンもあると思います。ただし、自分の自由に使える余剰金（無くなっても生活には困らないお金）については、きちんと資金管理すれば、ハイリスクの範疇《はんちゅう》から外れるのではないでしょうか。

空本――人間は欲がありますから、資金管理と言っても、簡単ではないかもしれません。一度、博打《ばくち》にはまった人はなかなか立ち直れないと言われています。

将真……そのことも踏まえて、考えていきたいと思います。

空本――金融リテラシー教育においては、「投資」、「資産運用*」、「投機*」についてのリスクをしっかりと正面から説明することが重要と思います。

＊貯蓄とは　＊投資とは

貯蓄と投資は、資産形成のための方法である。

貯蓄とは、銀行などに預貯金などとして、お金を蓄えていくこと。

投資とは、保有する資本やお金を、利益を見込んで、中長期的または短期的に、株式、債権、商品、不動産、為替などに投じる行為を指す。

【参考】一般の公開情報をもとに筆者が独自にまとめ直した見解

＊資産運用とは　＊投機とは

資産運用とは、自身の資産を、貯蓄したり、投資したりして、効率的に資産を増やそうとする行為を指す。運用対象として、預貯金や外貨預金などの貯蓄型と、株式・国債・社債・不動産・金・投資信託・オプション取引・先物取引・ＦＸ（外国為替証拠金取引）などの投資型がある。

投機とは、投資の中でも、短期的な価格の変動により利益を上げようとする行為を指す。株式、債券、商品、不動産、通貨、仮想通貨なども投機の対象となっている。

【参考】一般の公開情報をもとに筆者が独自にまとめ直した見解

5　起業にビジネス経験は必要か

空本――起業するために、ビジネス経験は必要か。その経験はどの程度必要か。万人《ばんにん》に共通の正解はないです。将真君は、ビジネスにどんな経験が必要だと思いますか。

将真……圧倒的な修羅場《しゅらば》だと思います。

空本――凄《すご》いこと言いますね。なかなか修羅場には出くわさないですよ。

起業でも、いろんな経験パターンがありますよね。

①一度就職して少し経験（修行）を積んでから独立起業、②十分な企業経験を積んでから起業、③就職せずにインターン後に起業、④在学中に学生ベンチャーに参画して少し経験を積んで起業、⑤いきなり学生起業、ですかね。

将真君の場合は、どれにあてはまりますかね。

将真……学生ベンチャーとか言われていますが、それは大多数が大学生ばかりではないでしょうか。高校生の起業家は圧倒的に少ないと思います。ですから、私の起業スタイルは、⑤につづく⑥の高校生起業ですけれど。高校生の学生起業をどう思われますか。

空本——起業家としての資質とある程度のスキル、すなわち闘《たたか》うべき武器を持っているなら、若い挑戦はとても魅力的ですよね。ただし、高校生は社会経験がない分、いろいろな知識とノウハウのインプットは緊急に進めなければなりません。確かに、起業しなければ学べないこともあるけど。

将真……僕の場合、やはり金融リテラシー教育を軸に進めたいので、この分野での知識を深めていかなければならないですよね。

空本——だから、まず金融とかお金に係わる基礎知識をしっかり固《かた》めておかなければなりません。私の場合、高校生時代は普通の受験生でしたから、深く考えていませんでしたが、大学、大学院と、学生時代が長く、いろんな体験をしてきました。

将真……空本先生は学生時代、どのような経験を積まれましたか。

空本――心・技・体ではないですが、まずは学業と研究、スポーツと色々な仕事、肉体労働から家庭教師、そして知的なバイト、調査研究代行などなどですかね。その中で、一つ一つ、熱中して極める必要がありますよね。

将真……空本先生は、例えば、何を極めたのですか。

空本――例えば、大学時代は、まず「基礎スキー」です。大学入学まで全く一度もスキー経験が無かったんですけど、大学卒業までに一級取得、大学院時代に指導員資格を取って、東芝に入社してから間もなく上級の正指導員の資格を取りました。一級スキー検定では一応、主任検定員もできます。

スキーは一九歳から三〇歳くらいまでの約一〇年間で、ド素人から上級インストラクターまで上達して極めることができました。

将真……なるほどですね。学業とか、研究とかはどうだったんですか。

空本――学生時代は、お話しした通り、理系の学生でしたから、原子核物理学やエンジニアリングなどの総合工学である原子力工学を極め、研究開発をしていました。大学院時代に開発した放射線モニタリングシステムは福島第一原発事故後に実機導入されたりしてます。

また東芝時代は、原子力発電所に係わる研究開発、設計施工、電力会社対応、官庁対応など、色々な経験を積んできました。原子力分野では、福島第一原発事故について本も二冊（『汚染水との闘い』ちくま新書、『二〇ミリシーベルト』論創社）執筆出版しています。原子力の専門家にも恥じないものとして書いたので、一般向けには少し難しいかもしれませんが。

将真……確かに、とてつもなく難しかったです。バイトや仕事はどうですか。

空本――学生時代のバイトや仕事も頑張りました。何事も、邪念《じゃねん》なく、無心に頑張りました。大学時代の肉体労働や深夜労働は当たり前で、家庭教師も数軒。

その他に、野村総合研究所や三菱総合研究所といったシンクタンクからの請負のバイトというか、調査研究というか、資料作成というか、委託業務を請負って、東京大学の同後輩の大学院生を集めて分担して、その取《と》り纏《まと》めをやっていました。勿論、自分自身も相当量をこなしていました。人材派遣の走り的な仕事も込みですかね。

東芝を退職してからの衆議院議員になるまでの浪人時代には、技術コンサル会社を自ら立上げ、また知り合いの人材派遣会社の代行社長もしたこともあります。フジテレビの受付などに女性たちを派遣していたりもしてました。いろんな経験をしてきましたね。でも一つ一つ、極めてきたつもりですよ。

将真君も、計画的にいろいろな知識や経験を、極めながら、積んでいく必要があると思います。どうですか。

将真……フジテレビの受付の方は綺麗ですよね。それで、いろんなことを経験されたので、今の空本さんになられたんですね。

空本――高校生の将真君が、まずは自分のできることは何かです。それが起業の種火《たねび》であって、それをやってみるということが重要です。自分の得意とする分野を自分が進むべき方向として、挑戦することが一番ですかね。

将真……銀行のビジネス業務も知りたいんですが、大手銀行にも入ってみたいんですが、それだと起業が遅れるので。最近は、副業もＯＫになっていますから、銀行も副業ができれば、よいのですけれど。

空本――銀行は、超保守的な業界ですから、簡単ではないですよね。別のアプローチで銀行業務を勉強すればよいと思います。

6 資金調達

空本――次に、起業においては、資金が必要ですよね。資金調達についてちょっと考えてみましょう。将真君は今どのようにして資金調達を進めていますか。

将真……投資家の社長さん達に直接お願いしています。自分で足を運んで、プレゼンして、資金調達をしてきました。

空本――一般的には、起業資金については、自己資金または資金調達ですよね。資金調達としては、色々ありますが、①日本政策金融公庫（融資制度）、②自治体（制度融資）、③信用保証協会（保証付き融資）、④公的資金（助成金・補助金）、⑤エンジェル投資家（出資・投資）、⑥ベンチャーキャピタル（出資）、⑦ファンド、⑧私募債《しぼさい》（少数の投資家に向けて発行する社債）、⑨クラウドファンディング、⑩不動産購入ローン、⑪銀行融資、⑫ファクタリング、⑬デットファイナンス、⑭エクイティファイナンス、⑮第三者割当増資、⑯手形割引などがありますね。

将真……そんなにあるんですね。

空本――この中でも、やはり安心なのは、公的資金の助成金で、少額ですが最も効果があると思います。私も、東京の中小企業の技術指導を行ってきた際に、東京都の助成金を幾つか獲得しました。はじめは実績作りで、五〇〇万円、次のステップとして五〇〇〇万円を獲得してきました。

また、国の補助金も三億円弱の工場建設資金が受理されたのですが、事業成立性を再度検討して、受給を辞退しました。

ここで、ポイントは国（窓口はシンクタンク）や自治体（窓口は東京都中小企業振興公社）の担当者や役人が納得できるような事業計画であること、申請書であることです。勿論、面接も重要です。社長と幹部社員が面接に挑むのですが、面接でのプレゼンテーションや質疑応答も大事となります。

将真……公的資金は凄く魅力的ですね。福岡でもあればよいのですが。

空本――福岡市でも起業家向けのステップアップ助成事業があるようですので、事業計画をしっかり練り上げて申請するとよいと思います。

将真……事業をさらにしっかり固めてエントリーしていきたいです。

7　ビジネスイノベーションとビジネスチャンス

空本――ビジネスの技術革新がこれから益々重要となります。しかし、ビジネスチャンスを活かすには、政治的な動きや技術動向をしっかり把握するとともに、先見性が必要です。ニッチ隙間《すきま》から見出して、新しいビジネスモデルを構築するアイデアマンでもなければなりません。そこには戦略も必要です。

将真……ビジネスチャンスと政治がかかわっているとは、どういうことですか。

空本――かつて騒がれたライブドアは、まさに政治における法律改正にあわせて巨大化した企業です。二〇〇〇年から二〇〇二年の商法改正で、大幅な株式交換や株式分割が行われるようになり、その商機《しょうき》に合わせて出現した企業です。

将真……政治が大きくビジネスに関わっているんですね。

空本――だから、国会議員は、会社を経営している場合や、役員となっている場合、国会への報告義務があるんです。大臣になると役員を辞めなければならないんです。

将真……政治家が自分の企業に利益誘導してはいけないんですね。

空本――政治家は公ですから、公明正大でなければならないのですが、私は世の中のためになるのであれば、一定のビジネスを行ってもよいと考えるようになりました。あくまで、公のために。

あと、日米関係によっても、ビジネスのあり方が大きく変わってきます。日米イニシアチブという米国側から日本側への要求書が毎年届けられており、大きく政治も経済も変わってきました。例えば、郵政民営化といった改革も米国からの要求書をもって行われてきました。

将真……郵政民営化という言葉は聞いたことあるのですが、よく分かりませんが、日米関係は大切なのでね。空本先生が考える新ビジネスとはどんなものですか。

空本――新ネットビジネスとしては、ＩＴ環境変化（パソコンからスマホへ）、新電力・通信ビジネス（電力・電気・通信・ＩｏＴ、ブロックチェーン、ＡＩ）、新プラットフォーム・ビジネス、仮想通貨ビジネス、キャッシュレス社会ビジネス、ＡＩ社会ビジネス、ドローンビジネスなど。

でも、大切なのは、テクノロジー企業であること、そしてテクノロジー企業をどう捉えるか。意識すべきは、プラットフォーム（インフラ）ビジネスであって、スタートラインで何を作り込むか。

第Ⅲ章　高校生のはじめての起業

1　金融商品（FX）との出会い

空本《そらもと》――将真君の夢は、起業家として成功して、父親を超えることですよね。小学生の頃、父親を尊敬して、父親に経済面や人間力で勝ちたくなったんですよね。

将真《しょうま》……はい。それで、敢《あ》えて、父親に勝てる職業は何かと父本人に聞くと、「この世の中には、レバレッジ（てこの原理）を使って、小さなお金で大きなお金を動かすことができる」ということを教えてもらったんです。

空本――凄いお父さんですね。投資家とか、トレーダーですかね。

将真……その時は、兎《と》に角《かく》、「てこの原理」が使えるものが知りたくて、そこで金融商品の一つのであるＦＸと出会ったんです。

空本――どのようにしてＦＸの存在を教えてもらったんですか。

将真……簡単に父親から「こういうものがある」と教えてもらっただけです。

空本――ＦＸ*や金融商品*は、私の一方的な考え方かもしれませんが、一種の博打《ばくち》だと考えていますがどうですか。投資ではなく、一種の投機だと認識していますが。

将真……ＦＸといっても、小中高生は法律で制限されていて、実際にトレードできるわけではありません。また数字が動くゲームとして最初は誤認してました。各国の違うお金や通貨を交換して、その差額をもらう単なる職業と理解してました。ＦＸ人生のスタートです。

＊ＦＸとは　＊金融商品とは

ＦＸとは、外国為替証拠金取引（Foreign Exchange）と呼ばれる金融商品であり、一定の証拠金を担保《たんぽ》に外貨の売買を行う取引のことで、証拠金額の何倍もの取引が可能である（二五倍が上限）。一八歳未満は取引禁止。

金融商品とは、銀行、証券会社、保険会社などの金融機関が提供・仲介する各種の預金、投資信託、株式、社債、公債、保険などのこと。各種の金融商品は、安全性、流動性、収益性の三つの基準によって評価することができ、三つの基準すべてに優れる金融商品は存在しない

【参考出典：https://www.shiruporuto.jp/　金融広報中央委員会】

空本――そうですか、ＦＸ人生とは……。投資、投機、そして資産運用について、しっかりとした理解が必要ですね。

将真……空本先生、実は、私のＦＸトレードは、博打《ばくち》じゃないんです。投機じゃないんです。ほぼほぼ負けないトレード（取引）をしているんです。バーチャルですけど。

空本――バーチャル取引なら、何でも言えますよね。

将真……違うんです。五～六年くらいチャートを見続けてきて、ほぼほぼ負けない手法を確立してるんです。

空本――ならば、ちょっと調べたんですが、「投資助言・代理業」を将来的に財務省の財務局に登録してやってもいいかも知れませんね。金融リテラシーに関する教育塾を進めるにも、必要かも知れませんね。ただし、登録料が一五万円、営業保証金が五〇〇万円かかったと思いますけど。

将真……お金を稼ぐためのビジネスとして、財務局に登録する必要がありますか。

空本――はい、登録しなければなりません。お金をもらってのコンサル的なビジネスをするなら、登録しなければ違法となります。

そして、実務経験のある方にメンバーに入ってもうらう必要もあります。金融庁のサイト（https://www.fsa.go.jp）で調べましたが、「金融商品取引業者等向けの総合的な監督指針　二〇二〇年五月」に記載されている厳正な要件があるようです。

ただし、投資に関する書籍等の販売や投資分析ツール等のコンピュータソフトウェアの販売などは、登録は必要ないようです。

この分野は、私も専門ではないので、ネットで確認する程度で、明確には説明できませんが、法令遵守《ほうれいじゅんしゅ》やコンプライアンスと言って、法律・法令について、その時代その時代に応じた規制当局の法令解釈を遵守する必要がある、すなわち、厳正に守る必要があるんです。

このことは、金融商品の分野でビジネスや研究をするにあたっては、とても重要なことです。

将真……逆に、空本先生は、選挙に出馬されてきましたけど、それもサイコロに任せての博打ではないですか。

空本――実は、選挙の殆《ほとん》どは、選挙前、公示日前にほぼ結果は、勝ち負けは、決まっているんです。選挙までに、どれだけ票固めするかなんです。衆議院の小選挙区で自民党幹事長経験者の大物議員に競り勝った時も、実は、選挙が始まる一週間前には、勝てると確信していたんです。負ける時も同じです。どれだけ事前に活動してきたか、準備してきたかなんです。

ただし、組織票で負けると分かっていても出馬しなければならない時もあります。

将真……選挙も博打ではなくて、堅実な戦いだったんですね。

空本――ところで、FXですが、私は結構、慎重派だから、直ぐには理解できないかも。するなら、少額投資にすべきじゃないですか。

将真……家計の柱の一つにすることもできると思います。

空本――それは、私としては、なかなか受け入れられないけど、FXを知ること、これこそ、金融リテラシーの入口かも知れませんね。

さて、金融リテラシーの入口まで来たけど、起業までは至っていませんよね。

将真……はい、まだまだです。中学校を卒業して、ニュージーランドに短期留学してから、起業を意識し始めました。

空本――中学生時代はどうだったんですか。

将真……はい、中学生になって、まずテニス部に入部しました。帰宅部だと宿題が増えるという噂話《うわさばなし》を聞いていたからです。でも、帰宅部でも宿題が増えなかったため三か月で退部しました。

帰宅部になってからは学校が終わり次第速攻で帰り、ＦＸと向き合いました。勉強しました。中学生はトレード（取引）ができないので、三年間ＦＸのチャートを見続けました。デモトレード、バーチャル取引はできたので、それで勉強しました。

空本――普通とは違った中学生時代だったんですね。

将真……汗水たらしてのキラキラした青春は自分には訪れなかったんです。そして三年生となり入試の時期が来ました。

みんなどこの高校へ行こうか迷っていたけど、そして周りは高校を決めて試験に向けて猛勉強してましたけど、自分はただただ、FXチャートみるだけでした。

空本——一種の逃避行《とうひこう》、落ちこぼれではないですか。

将真……はい、単なる負け組の少年でした。数学と英語だけを武器に入試に挑むも、どこも受けることさえできない状況でした。高校受験もおバカで学力不足だったことから失敗しました。

空本——何とも言えないな……。それで、どうしたの。

将真……それでも、人と違うことをしたいと思ったんです。自分の中学校では留学した人がいない、じゃあ、俺がするしかないと勘違《かんちが》いして、留学を決意したんです。

2　ニュージーランドへの短期留学

空本――簡単に留学できたんですか。

将真……いえ、父親に英語検定2級を取ることを条件に留学に行かせてもらったんです。英検2級を取るために、毎日朝から夜まで猛勉強しました。お陰様で、英検2級を取ることができたんです。

空本――一応、やり切ったんですね。何かが動きだしたのですかね。

将真……はい、それで何とかニュージーランドへ留学できました。ただし、留学中はFXはしてません。

空本――ニュージーランドの生活はどうでしたか。そして、どれくらいで帰国したんですか。帰国した理由は。

将真……ニュージーランド生活は自由で、女子も可愛くて、満足してました。でも、ニュージーランドへの短期留学と託《かこつ》けて国外逃亡したのに、半年で日本に帰ってきたんです。半年で帰国した理由は、父が出した英語の試験（アイエルツ）に合格できなくて強制帰国だったんです。

それと、彼女ができたんですが、色々あって別れました。それで、難なく帰国。何故か彼女を見返したいと思ったり、もっとカッコよくなる努力をしようと思ったり。

空本――少年の挫折ですね。いい経験ですね。

将真……でも、ニュージーランドで勉強したこともあります。

空本――ニュージーランドでの留学で何を得ましたか。

将真……ニュージーランドの友達や一緒に留学していた海外メンバーに触発されました。みんな一〇代で「スタートアップ」と呼ばれる新規事業の起業に興味を持っていたんです。

空本――むかし「ドラゴン桜」というマンガ本を読んだときに覚えているんですけど、偏差値三〇の高校三年生を一年弱で東大に一発合格させるというストーリーです。自立心とか、逞《たくま》しさとか、自信をつけさせるといった話があったと記憶していますが、まさにそれですね。

3　N《エヌ》高等学校への進学

空本――ニュージーランドから帰国してどうしたんですか。

将真……まず、父から、これからどうするのか聞かれました。その時、選択肢を出されたのです。働くか、もう一度勉強して学校に行くか。

空本――厳しいお父さんだったんですね。中卒で働くことも選択肢だったんですね。

将真……そこで、人と違うことをしたいと思って、選択肢以外の起業を選ぶこととしたんです。

空本――でも、そこで、どうしてN《エヌ》高（N《エヌ》高等学校）への進学を考えたんですか。普通の高校でもよかったんじゃないんですか。なぜ、N高を選んだのですか。

将真……高校生ですぐに起業するなら、N高だと思いました。N高は、他の高校とは違って、社会に出たときに役立つことを教えてくれると思ってました。

実践していくうえで必要な法律の解説とか、プレゼンの基礎とか、これからの時代で最低限必要になってくるプログラミングのノウハウとか、授業の中に組み込まれていたんです。また学校のクラブの中に投資部、起業部があって、自分と同じ考え方の人がいるのではないかと考えたんです。

空本――N高の毎週のカリキュラムはどうなっていますか。N高等学校って、少し変わった学校だと聞いたんですが。N高は特色がある通信制の学校だって。拘束される時間帯は？　N高の場合、普通高より、時間の融通が利くとか？

将真……はい、そうなんです。毎週、木曜日の九時半から一六時だけ登校するだけで、あとはネットでの通信教育でいいんです。レポートは沢山ありますが、N高の方がビジネス、起業しやすいと思ったんです。

空本――ところで、「N」って何の意味ですか。

将真……高校の先生に「N」って何の意味があるのか聞いたんだけど、よく分からなかったんです。

空本――実は、（意地悪に）、少し調べてみました。Net や New、Next、Necessary、Neutral など多くの意味を含んでいるようですよ。

将真……なるほど（大爆笑）。生徒の僕も、先生も知りませんでした。

4　父親からの影響（不動産投資事業）

空本――将真君が乗り越えたいと思っているお父さんは海外不動産を専門として不動産投資をしていると聞いていますが、今回の起業にあたって何か影響を受けましたか。

将真……不動産ビジネスからはないです。ただし、最近は、父を乗り越えるというよりは、色々と教えてもらって、それを吸収して進化させて、僕自身のものにしていきたいと考えるようになりました。

空本――不動産投資は、複数の不動産物件を購入して、第三者に貸し出して、その賃料を不労収入《ふろうしゅうにゅう》として受け取る投資方法ですよね。一種の資産運用であって、リスクの少ない金融商品だと思います。お父さんの不動産投資を習っていくことも、一つのステップですが、不動産投資についてどう考えていますか。

将真……今はまだ出来ないですが、のちのち勉強していきたいです。

空本――では、お父さんに、なぜ不動産投資を始めたのか、どんな不動産投資をしているのか、色々と聞いていますか。

国内では、利便性のよいエリアで不動産投資をすれば、大きな利益を見込めます。収益性の高い物件でなければ、不動産投資の価値はないと思います。海外の不動産投資については、どのように聞いていますか。

将真……海外の場合、少ない元手《もとで》で始められるビジネスとは聞いていますが、まだよく分かっていません。建設前の不動産を購入するプレビルドという方式も聞いていますが、まだまだ不勉強です。

空本――田中家で得意とする不動産投資をベースとした企業とすることも一案ですが、どうですか。

将真……将来は必ずものにしたいですが、今は金融リテラシーに注力したいです。

5　起業の動機と事業内容

空本――将真君、起業家として成功して、父親を超えることが、夢であって、起業の動機ですよね。事業内容をどのように考えていたんですか。

将真……得意とする「お金の学校」と「起業塾」を考えていました。東京で開催されていた若手起業塾に参加したこともあって、若手起業塾と金融リテラシー塾を並行して事業展開していきたいと考えています。

空本――教育塾を骨格とした企業を考えているとのことですが、厳しく言えば、人に教えるということは、その分野での何らかの経験があって、披露《ひろう》できる知識があって、教えられるだけの技量《ぎりょう》と信用が無ければいけません。お金を貰《もら》えるだけの価値があるかです。

将真……正直、今は自分だけでは厳しいです。いろんな人に頼りながら、協力してもらって展開していきたいです。

空本――「お金の学校」と言っても、将真君の知識は、まだＦＸのデモトレードだけですから、金融全体の知識も持ち合わせていない。これから知識と経験を積んでいかなければならない。

将真……今、まさに、空本先生に教えてもらいながら、進んでいるところです。

空本――さらに厳しく言うと、将真君は、会社を作ったばかりで実業を持っていない。起業塾と言っても、会社を作ったばかりで、起業で成功している訳でも失敗した訳でもなく、人に披露するほどの経験値もないですよね。失敗経験でもいいんです。そこから得られる教えられる宝物が埋まっているから。

将真……では、どうすればよいですか。

空本――将真君の周りには、お父さんのお蔭もあって、色々な人たちが今は集まっていますよね。大変恵まれた環境にいます。まずそこを理解しておかなければなりません。私もですが、いろんな大人たちが将真君の周りにいろんな思惑、もちろん金儲《かねもう》けとか、仲間づくりとか、今集まっています。金儲けも、しっかりした仲間がいる方が成功します。

将真……お金儲けは批判されがちですが、それも理解した上での仲間づくりが大事なのですね。

空本——現状では、兎《と》に角《かく》、人に頼って、人を良い意味で利用させてもらって、みながwin-winの関係で、事業を進めていくことが成功への一歩だと思います。

6 猪突猛進《ちょとつもうしん》の「敬天愛人」

空本——会社を設立するにあたって、どのような手順で、どのような準備をして、どのような書類を揃《そろ》えて、どこで手続きをしたのか。私も東芝を退職してから、有限会社を専門家の力を借りずに、自分自身で登記した経験もありますが。

将真……まずは、一六歳で会社を設立できるかウィキペディアで調べました。法務局に行けば自分自身で登記可能だと分かったんです。

次に会社を作るには何が必要か調べました。①合同会社設立登記申請書（正副）、②定款《ていかん》二部、③代表者の印鑑証明書、④資本金の振込確認書類、⑤印鑑届書、⑥代表社員就任承諾書（親の委任状）を準備しました。

空本――法務局ではどうでしたか。

将真……会社を作るにあたって法務局の方に言われたことは、未成年なので一応会社を作るには親が保証人になってもらわないと出来ないとの事でした。本店所在地及び資本金決定書は難しかったので法務局からもらったものをそのまま自分の会社の条件に合わせて書いたんです。

空本――手続きにあたって、苦労したこと、具体的に教えてください。

将真……正確な回数は覚えてないのですが最低でも一〇回は法務局に行ったと記憶しています。自分は法務局の法人登記部門に度重《たびかさ》ねて足を運んでいながら、言われたことが最初行った時からほとんど変わってなく、法務局の方も呆《あき》れながら怒っておられました。

いつも法人登記部門に予約すると二人いる法務局のうち怖い方に予約がされ、一〇回目で初めて怖くない方に当たり、その方に今までできなかった内容を色々話していると、年齢を聞かれ、一六歳と答えると面白いと言っていただきました。

法人登記部門では、一つの会社の取れる時間は普通一〇分前後になってますが、その方は一時間半も付き合ってくださり、そこで登記の九〇%を終わらせることができました。

空本――どのような定款を作ったんですか。具体的な業務の内容は。

将真……ほぼ手書きの落書きのようなものなのですが。

空本――なるほど……。

7　官民共働型ファシリティ「Fukuoka Growth Next」

空本――現在、会社の本拠地にしている「Fukuoka Growth Next」とはどのような施設なんですか。

将真……「Fukuoka Growth Next」（FGN）は、官民共働《きょうどう》型のスタートアップ支援施設と呼ばれていて、福岡市でスタートアップするための創業支援施設です。

旧・大名小学校の校舎を活用していて、福岡市と民間企業が連携して運営している施設です。

空本――なるほど、公的施設の活用は、色々な特典もあって、とても良い選択でしたよね。どのようにしてこの施設を知ったんですか。

将真……会社を立ち上げようとしたときに、福岡市内で安い場所がないかと探していた時に、たまたまネットで見つけたんです。福岡市内に拠点《きょてん》を置くスタートアップ企業、創業予定者、そして第二創業者が対象者だったので、丁度よかったです。

空本――どのような手順で応募したんですか。審査はあると思いますが、どうでしたか。

将真……二〇二〇年一月、入居募集のＷｅｂページからエントリーして、すぐに面談がありました。そして面談時に正式な申請書類を提出して、面談を受けました。合格通知が迅速で、二〇二〇年二月から入居することができました。

その際に、ＦＧＮのオフィス・ワークスペースには、チームルーム（個室）、シェアオフィス（固定席）、コワーキングスペース（フリー席）の三タイプがあって、入居賃料が一番安いコワーキングスペースで申し込みました。

空本――高校生の起業家の予定者が、簡単に合格できましたよね。どんな面談だったんですか。

将真……面談は、民間出身の事務局長さんと副事務局長さんが面接官でした。とても気さくな面接官の方々で、和《なご》やかで充実した面談でした。

空本――それで、無事に合格ですか。

将真……はい。二五歳以下の若手スタートアップ起業家のための「U25特別プラン」があって、格安の賃料でした。通常のマルチプランで月額二万五千円の賃料が月額五千円となります。その他、住所利用（メールボックス）料が五千円で、月額合計一万円（税別）となっています。

空本――公的な施設を活用すると、色々な特典がもれなく付いてきますけど、賃料以外には何がありますか。知っていますか。

将真……調査不足で知りません。

空本――もったいない。ちょっとネットで調べてみましょう。

将真……色々あるようですね。活動成果が認められた場合は奨学金として六か月分の利用料が無料とか、弁護士や社労士による無料相談とか。

また元々、FGNでは、①グローバルアクセラレーターとの連携、②FGNを本拠点とするスタートアップファンドを組成（一〇億円を予定）、③独自のハンズオンプログラム提供、④エンジニア支援育成プログラムが目玉施策として準備される予定です。

空本――FNGは、福岡市が実施している「福岡市スタートアップ支援施設運営事業」において、将来的なユニコーン企業創出を目標として、スタートアップ企業や中小企業の第二創業へ継続的な支援を行う施設なんですね。

将真……なるほど。勉強不足でした。単に、安くて便利な場所を探していただけなので。

空本――FGNへの入居の次に、確実な公的支援を受けられるようにすべきですね。例えば、創業者育成補助金を交付する「福岡市ステップアップ助成事業」へのエントリーとかも、実績作りとして良いかも。今年度の情報はネットにまだアップされていないようですが、昨年度の情報を取っておいたらどうですか。

将真……はい、すぐに昨年の申請書類などを取りに行ってきます。迅速が一番ですね。

（現在、保留中）。

8　金融リテラシー教育塾「ジェネスク」

空本——金融リテラシー、「金融に関する知識や判断力」については、本書の「はじめに」で少し説明していますが、教育塾「ジェネスク」を二〇二〇年から立ち上げたとのことですが、どのような教育塾なんですか。

将真……「お金」に関する教育塾、学校です。資産家は、なぜ資産家なのか。それは、資産家はお金を生み出す方法を教育することができるからです。資産家の多くは、投資家と呼ばれる人たち。お金で、お金を生み出す人たちです。彼らは、本業とは別に、お金を生み出す方法を基盤に持っているのです。だからこそ、自分のやりたいことに本気で打ち込むことができるのです。
選択肢の多い時代の中で、若者が自由に将来を選ぶために。その為には、お金について学ぶこと、お金を生み出す武器を持つことが重要ではないか、その想いから生まれたのが「お金の学校」です。

空本――お金の尊さ、「お金の学校」の必要性については第Ⅱ章の資産運用や投資の項で説明しています。ただし、将真君の「若者が……お金を生み出す武器を持つこと」との考え方については、「勤勉第一」の日本社会や日本人の美徳感では、表向きには簡単には受け入れられないと思います。
将真君は、日本社会の「勤勉第一」や日本人の美徳感について、どう思いますか。

将真……正直、若者にとってはナンセンスなのではないかと思いますが、日本人の美徳も認めなければいけないとも思います。

空本――本来、本業をもって、労働の対価としてお金を稼ぎ、普通の生活を送っていくのであれば、「お金」に対する教育、金融リテラシー教育は必要なかったかも知れません。
でも、一九九〇年代の金融ビッグバン以降、金融ビジネスの規制緩和・自由化、金融商品の複雑化、ネットでの取引決済、キャッシュレスの到来もあって、「お金」に係わる環境は複雑化していて、金融リテラシーに関する教育の必要性は高まっていますよね。
だから、目のつけどころとしては、とてもタイムリーで、素晴らしいと思います。ただし、本来は、こんな教育がなくても安心して暮らせる社会が一番なんですがね。

将真……確かにだと思います。

空本――若い人たちに分かりやすい教育コンテンツが必要ですが、一〇代、二〇代の感覚はどうですかね。私が二〇代の学生の頃は、バブル全盛期で、高い報酬のバイトをやっていたので、お金とか年金とかには全く無頓着《むとんちゃく》で、自ら勉強しようとは思いませんでしたね。

将真……バブルとは、そんなに凄くて楽しかったんですね。色々と空本先生は楽しまれたんですね。

空本――私の考え方ですが、教育塾は、営利目的ではありますが、社会貢献としての位置づけもなければならないし、若者は勿論、小中学生や保護者も興味を持つ教育コンテンツにしなければならないと考えますが、どうですか。

将真……子ども目線、母親目線のコンテンツが重要だと思います。

空本――金融庁は最低限身に付けるべき生活スキルとして「金融リテラシー」を謳《うた》っていますが、要は、お金の効率的な貯め方や無駄遣いしない遣《つか》い方などを、生活場面に沿って説明することが大事ですよね。

また余裕があれば、リスクの少ない投資、リスクマネージメントについて丁寧に解説することですよね。もう一つ、金融トラブルに会わないようにするための教育ですよね。

将真……金融リテラシー教育においては、社会貢献も大事だと感じました。

第Ⅳ章　野望実現にむけての戦略

1　田中将真のビジネスビジョン

将真《しょうま》……僕の夢は、起業家として成功して、父親を超えることです。そして、ユニコーン企業と最年少上場が当面のビジネス目標です。

空本《そらもと》――ここで、今回の起業プロジェクトで、一つ物足りないもの、何か抜けているものがあると感じています。将真君自身、実態ある「これだというもの」、成し遂げていきたい「これだというもの」、作り上げていきたい「これだというもの」は何ですか。

手探りではあることは承知していますが、ユニコーン企業に結び付く説得力あるスタートアップの実業です。「ユニコーン企業」ではなく、具体的な実業は何かです。「ジェネスク」とはどのようなスクールなのかです。

将真……すでに言った通り、お金、金融リテラシーに係わる教育事業なのかと思っています。

空本——今はまだ、周りの大人たちの思惑中心となり、オンラインサロン、情報プラットフォーム提供、不動産投資、ＳＮＳ、起業教育などのサービス提供ビジネスであることはＯＫですが、将真君が何を核として作り上げていきたいのかが重要です。

フェイスブックなどのＳＮＳは、プログラミングに強かったハーバードの大学生だったマーク・ザッカーバーグが、自らハッキングなどをしながら、ＳＮＳの仕組みを作り上げていった。何に化けるか分からなかったが、一応、ＳＮＳの仕組みを作り上げていった。これは一つの実業であると思います。

将真……金融リテラシーに係わる教育とか、投資・投機・資産運用に係わる教育とか、そして起業支援に係わるサポートサービスとかですかね。

空本——ここの部分を、自ら考え、悩み、しっかりとディスカッションして、ビジネスモデルを練り上げ、産み出していくことが重要です。

前述しましたが、私の提案として、何かしらのテクノロジー関連企業をこれから新たに共同創設し、「ユニコーン企業」を目指すのがベターだと思います。

すでに設立している「敬天愛人」は、金融リテラシー教育塾「ジェネスク」の運営や投資事業などの既存ビジネスからの派生企業として築き上げて、最年少上場を目指していけばよいと考えますが、どうですか。

将真……なるほど、僕自身、頭の整理ができました。

空本――金融リテラシー教育塾「ジェネスク」を運営していくなら、「敬天愛人」のビジネスを国の金融庁のビジョンに合致させるように目指すとよいと思います。世間擦《せけんず》れしていない若者が、子どもやお母さん方のために、下心なしに（儲けたいですが）、事業展開するような事業計画がよいと思います。国のビジョンが肝かも！

将真……はい、その通りです。「ジェネスク」もそれをコンセプトにやっていきます！そして、将来、福岡経済、九州経済、そして日本経済を引っ張っていくような企業とし、福岡経済に貢献したいというスタンスも必要です。社会貢献！

2　大学受験と社会経験

空本――ところで、大学受験はどうするの？

将真……今のところ日本の大学ではなくて、海外の大学受験を考えています。日本には僕の求める実践的な投資とか、金融商品ビジネスとかを勉強できる大学が無いので。

空本――私は古い世代なので先に大学へ行くべきと考えるけど、Z世代は違うのかな。どこの国の大学へ行きたいの？　当面はどうするの？

将真……大学については調べているんですが、本当に実践的な投資ビジネスを勉強できるところは、なかなかないんです。あるとすれば、イギリスとか、シンガポールとか。ほかに中国の大学も考えています。まず東京に出て、知り合いの金融トレード企業のお手伝いをしながら、留学の準備もします。

3　ユニコーン戦略

空本――ユニコーン企業を目指すには、上述していますが、①独創的な事業、②資金調達、③人材強化、そして④グローバル展開を考えなければならないようです。まず、独創的な事業については、どう考えている。

将真……あまり多くは語れませんが、僕にしかできない投資・投機・資産運用に係わる金融リテラシーの教育とか、そして起業支援に係わるサポートサービスと投資についての教育ビジネス、そしてその延長線上のＩＴ技術などを活用した金融ビジネスへの展開です。正しい投資助言ビジネスも視野に入れています。

空本――なるほど。投資・投機・資産運用や金融に関するリテラシー教育ビジネスを確立するのですね。そして、儲け主義だけでなくて、正しい投資に関するビジネスを目指すのですね。

4　資金調達のためのピッチ

空本――では、その他の資金調達や人材強化、そしてグローバル展開については、どんな感じで考えているのですか？。

将真……資金調達なら、これまで企業経営者の方々にお願いしたことがあります。スタートアップでのピッチも重要と考えています。今後のユニコーン企業での資金調達となると、まだ分かりません。人材強化やグローバル展開についても今後考えていきたいと思います。

空本――スタートアップでのピッチって、聞いたことないけど、どんなものですか。

将真……空本先生でも知らないことがあったんですね。ピッチって、投資家の前で数分間のプレゼンを行って、自分たちのビジネスプランやビジョンを説明し、事業への賛同者を集めるシリコンバレーから始まった手法です。

空本――なるほど、今、世界での起業の流行《はや》りですかね。実際にどんな風にピッチをおこなうのかな。

将真……スタートアップでの重要なスキルになってきています。このピッチ次第で事業の成否が決まってしまいます。投資家と起業家、特にスタートアップの若手起業家とのお見合いの様なものです。

空本――でも投資家は簡単に投資してくれないんじゃないですか。数分のプレゼンテーションでその事業の将来性を見極めるのは厳しいでしょう。投資家はお金を出すんだから、それに見合うリターンがなければ簡単に投資してくれないでしょう。だから投資家が何を求めているか理解しなければなりませんね、何事も敵を知る、敵ではないけど、何事も相手を知ることが重要ですよね。

将真……そうですね。一回のピッチですべて決まるわけではなくて、何回もプレゼンする必要もあるようです。熱意だけではダメですね。

空本――投資家の人たちは、ベンチャーキャピタルなどの投資会社や投資ファンドが多いですよね。彼らはシビアです。投資家の人たちは客観的で冷静ですから、若者の熱意も大切ですが、その事業の将来性やビジョン、そして事業計画・ビジネスプランも重要となりますよね。

将真君はZ世代のど真ん中で、私たち保守的な世代とは、違っていますけど、まだまだ先見性、将来を見据えたビジネスも考えなければなりません。そのためには歴史を勉強しなければなりません。

将真……はい、歴史ですか。今、自分が考えている金融リテラシーの教育ビジネスは、新しいビジネスだと思っていますが、どうですか？

空本——最近、お金に係わる出版物が多く出されています。投資に関する本も多くあります。そこで、それらの出版物と何が違うのか、そこを明確にする必要があります。将真君にしかできない特別なビジネスにして、その優位性を示さなければなりません。例えば、ビジネス特許をとって、他者が真似《まね》をすることができない優位なものを提示する必要があります。

将真……特許ってよく聞きますが、どんなものですか。空本先生は特許をとったことがありますか。

空本——はい。原子力のみならず、光ファイバーやレーザーなどを使った量子工学分野の技術開発で、幾つか特許を取得しています。そして「特許」とは、新規性のある有用な技術や発明を、発明者や企業などが独占的に使用できるように、特許庁へ申請して使用の独占権を持てるといった制度のことです。ビジネスモデルも特許化ができます。

将真……ちょっと難しそうですが、新規性があればよいのですね。金融リテラシー教育に関する特許、ちょっと考えてみます。

空本――本物の投資家にプレゼンするのですから、用意周到にビジネスプランをまとめなければなりません。

①まず投資家のこれまでの投資実績（どのような事業に投資したいと考えているのか）、②起業側の自己紹介（人柄紹介を含む）、③事業のビジョン（ビジネスモデル）、④事業計画の詳細。具体的には、新規開発の解決すべき課題、考案開発したシステムやソリューションの概要説明、課題解決のための機能（一番の売り）、今後の見込み（トラクションや成長率）、スタッフ構成（人材強化）、競合会社などの動向、知的財産権や特許などのアンフェア・アドバン

テージ、マーケットの見込みなど。そして、このビジネスを成功させるための一番のハードルとそのための資金計画。

将真……そんなに細かく考えていませんでした。ピッチの準備を進めていきます。

空本――自信をもって。でも、はったりではダメです。自分たちの新ビジネスの凄さを自信をもって。そして、精緻《せいち》に考えているように見えることも重要です。有能なスタッフが揃っていること、能力が高いことも本当ならアピールしたいですね。今の将真君ではまだまだですが。

そしてプレゼンでは何事もわかりやすく、端的に簡潔に明瞭に行うこと。私も学生時代から徹底的にトレーニングしてきました。できれば、いえ、絶対に一言でこのビジネスを説明できなければまりません。できますか。

将真……難しいですね。でも「子どもからお金の大切さを分かってもらうための金融リテラシー教育ビジネス」ですかね。

空本――まだよく分からないので、しっかり詰めていきましょう。

また資金調達としては、助成金や補助金などの公的資金の活用も考えておくとよいですよ。私も、ものづくり企業で助成金や補助金の申請のお手伝いをしてきました。公的資金を申請して獲得できると、企業に箔《はく》がつく、ブランド化となります。特許や知的財産権を取得することもブランディングの一つです。

そして、今、一緒にこの起業本を執筆出版しようとしているのもブランディングの一つですよね。

将真……将来の話かもしれませんが、ビジネス化できて、その次には、広告ツール・媒体《ばいたい》をどう考えるか、ネット・ビジョンも考えていきたいです。例えば、eBook事業からプラットフォーム化も。

5　ユニコーン企業・デカコーン企業・ヘクトコーン企業

空本――ユニコーン企業の起業について考えてきましたが、もう一度、おさらいです。ユニコーン企業とは、①評価額が十億ドル以上、②未上場、③創業から十年以内であるテクノロジー企業のこと。金融教育ビジネスで、どのようなテクノロジーを組込んでいくかしっかり検討してください。

それと、デカコーン企業とヘクトコーン企業って、知っていますか。

将真……テクノロジーについては、ご指導、是非よろしくお願いします。デカコーン企業とヘクトコーン企業については知りません。

空本――デカコーン企業とヘクトコーン企業とは、ユニコーン企業の中でも特に評価額が高い企業をそう呼んでいます。どちらもユニコーン企業の中に含まれています。

デカコーン企業とは評価額百億ドル以上の企業、ヘクトコーン企業とは評価額一千億ドル以上の企業を指します。創業十年以内のベンチャーで獲得する必要があると考えると、デカコーン企業やユニコーン企業になることは難しいですけどね。

6　空本誠喜のビジョン

将真……ところで、空本先生の夢は、ノーベル賞に繋がるような、放射能除去装置《ほうしゃのうじょきょそうち》を開発すること、政治家として大成すること、国際平和に貢献することって、聞いたことありますけど、いかがですか。

空本――私は、これまで「有言実行《ゆうげんじっこう》」をモットーとして、自分が発した言葉「言霊《ことだま》」が実現に繋がると考えています。

高校生の時、「将来、エネルギーと食料が最も重要となる。だから、大学進学では、自分の得意な物理・化学・数学を活かせる科学技術の分野に進もう。そして、機会があれば、一般企業などでの社会経験を積んでから、三十代過ぎに政治の道へ」と考えていました。

まさに、今、その言霊を実現しています。

7　放射能除去装置の開発

将真……流石《さすが》ですね。宇宙戦艦ヤマトを少しかじったのですが、いつ、イスカンダル星にコスモクリーナー（放射能除去装置）を受け取りに行くのですか。開発されているんですかね。地球に、福島原発に本当に欲しいですよね。原子力の問題も解決ですよね。

空本――そうそう、私は原子力や放射線の専門家だけど、そして早く開発したいけど、これが一番難しい。放射能と放射線って、違いが分かりますか。

将真……え？　放射能も放射線も同じじゃないんですか。

空本――普通の人にはなかなか違いが分からないですよね。まず放射線を出す物を「放射性物質」と言います。例えば、原発の燃料のウランやプルトニウムとか、病院で受ける放射線治療のコバルト60とか。私たち人間の体内にもカリウム40といった放射線を出している放射性物質があります。

将真……人間も放射性物質なんですか。

空本――いやいや、私たち生物は、自然界にある放射性物質を飲食物の一部として食べたり飲んだりして体内に取り込んでいて、少量の放射性物質を保持しているんです。カリウム自体は、生物に欠かすことのできない物質で、そのカリウムの中に放射性物質のカリウム40も混じっているんです。人間を含む全ての生物中に存在しているんです。

将真……一部を保有しているんですね。

空本――「放射線と放射能」に話を戻すと、その放射性物質から放出される高速粒子（ベータ線やアルファ線）や電磁波（ガンマ線）などのことを「放射線」と呼んでいます。宇宙線や原子力発電に必要な中性子も放射線の仲間です。

一方、その放射性物質が放射線を出す能力のことを「放射能」と呼んでいます。光を発する電灯にたとえると、放射線は光、放射能は光を出すその物質の能力となります。

放射能除去装置とは、その放射性物質を取り除くか、放射線を出さない物質

（実際には長寿命核種から短寿命核種）へ核変換（原子核を変換）する錬金術なんです。この錬金術の核変換技術の開発は、原子力業界で「消滅処理技術」として加速器などを使って実際に行われてきたんですが、まだまだ道半ばで、厳しいです。

将真……よく分かりませんが、でも消滅処理で核変換ができて、放射性物質が無くなるんでしょ。

空本――そうそう、簡単に言えばその通りです。

8　事業家として

将真……ところで、事業家としても色々なことへの挑戦を考えておられましたが、何から着手するんですか。

空本――電力王におれはなる。不動産王におれはなる。

将真……それ、漫画『ワンピース』のルフィじゃないですか。「海賊王におれはなる」じゃないですか。

将真……世界を照らす電力王になる。世界の電力問題を解決できる環境にやさしい住宅提供の不動産王になる。

空本――なるほど、国際貢献のための電力王と不動産王なんですね。

そして、若者と女性をきらめかせる事業家におれはなる。将真君、サポートをよろしくね。

将真……はい。是非とも応援させて頂きます。サポートさせて頂きます。

9 政治家として

将真……次に、政治家として大成することと国際平和に貢献することとして、何をするんですか。

空本――両者については、やるべきことは一つ、政治家、国会議員として、我が国の安全保障、例えば、エネルギー安全保障、食料安全保障（農林水産業）、そして防衛に係わる国家安全保障などを確立して、自前で国を守れる体制を確立するための仕事をすること。そして、最終目標の「核兵器廃絶」に導くこと。

10 安全保障（エネルギー、食料、防衛）

将真……何か、壮大ですね。エネルギーは原子力の専門家なので分かるんですが、食料と防衛って、専門分野なんですか。

空本——実は、農業や水産業などについては、二〇〇九年の衆議院議員に初当選する前から、選挙区の全軒を歩き込んで農家や牡蠣養殖業者《かきようしょくぎょうしゃ》の方から色々と教えてもらってきたんです。

そして、お米農家のための戸別所得補償制度を一度は民主党政権でしたが、作り込んだんです。そして食料自給できる体制づくりを考えてきたんです。

防衛についても、広島には、陸上自衛隊の海田市駐屯地や海上自衛隊の呉地方総監部があって、小さいころから護衛艦や潜水艦を見ながら育ったんです。

自衛隊について詳しくはなかったけれど、初当選の時に、衆議院の外務委員会や安全保障委員会の理事を務めさせてもらって、沖縄の辺野古《へのこ》基地や青森の三沢基地と八戸《はちのへ》航空基地を訪問したり、P3‐C哨戒機《しょうかいき》で北方領土の際までコックピットに搭乗して飛行した経験があるんです。その時から、ミサイル防衛などを研究してきたんです。

11　核兵器廃絶

将真……何かとても幅広いですね。核兵器も詳しいんですよね。

空本――広島生まれ広島育ちですから、原爆が投下された八月六日（一九四五年）を大事にしています。広島出身者には、「核兵器」とコインの裏表《うらおもて》の関係にある「原子力（核の平和利用）」の研究者が多く輩出されています。何か心の底に原爆に対する思いがあるんだと思います。私の家族や親戚にも被爆者や原爆で亡くなった人がいますので、「核兵器」と「原子力」についてはしっかりと考えてきました。

将真……原子力開発と核兵器開発は一緒なんですか。でも空本先生は核兵器廃絶を目指しているんですよね。

空本――最も難しい点をついてきましたね。そもそも「核」とは原子核を指しており、その原子核からのエネルギーを利用して原子力発電をしたり、核兵器にしたりしています。

アインシュタインの相対性理論の $E=mc^2$ という公式にもとづき、核分裂や核融合によって核エネルギーを取り出しているんですね。人間は、人類が滅亡しない限り、一度発見したこの核分裂や核融合について手放すことはないと考えています。

だからこそ、戦争に繋がる核兵器は直ぐにでもこの地球から廃絶して、原子力による平和利用、すなわちエネルギー源としての電力として活用するしかないと考えています。核のエネルギーは原子力の平和利用（低濃縮ウランなど）に限られるよう、核兵器（高濃縮ウランなど）を廃絶すべきと考えています。

将真……実際にどうやったら核兵器は廃絶できるんですか。

空本――唯一の戦争被爆国である日本が先頭に立って、核兵器廃絶を核兵器保有国に対してお願いするしかありません。そして、何年までに核兵器を廃絶させるか具体的な期限目標を掲げてお願いするしかありません。例えば、「２０５０年、核兵器廃絶」といった具体的目標を我が国の政府が掲げて、地道に各国に交渉するしかありません。

米国の核の傘にある我が国ですので、米国へ配慮する必要がありますが。我が国の原子力分野での核物質管理も米国依存ですので、しっかりと根廻ししながら、交渉することが重要です。

中国やロシアも原子力発電所の新増設を進める予定ですので、簡単ではありませんが、粘り強く。これが我が国の政治家が行うべき外交交渉だと、私は、考えています。

将真……本当に壮大な取り組みですね。何か具体的に情報発信とかされているんですか。

空本――まず国会議員は、国会での総理大臣や防衛大臣への質疑が一番です。令和四年一月三十一日の衆議院の予算委員会で岸田文雄総理大臣に対して「核兵器廃絶に対する具体的目標の設定表明」を鋭く強く求めましたが、堂々巡りのゼロ回答でした。大変残念です。国会のインターネットライブラリでその内容を確認できます。

また、日テレNEWSで取り上げてもらっていて、「核兵器廃絶めぐり 広島出身議員が岸田首相に『理想では困る』」とのタイトルで今でもネット配信されています。

(https://www.shugiintv.go.jp/jp/index.php?ex=VL&deli_id=53436&media_type=)

(https://news.ntv.co.jp/category/politics/dd4995d60964281ab2ed192795c25f6)

将真……空本先生は実際に闘っているんですね。これからどのように発信したり行動していくんですか。

空本――毎日新聞ネット配信の「政治プレミア」で、私のインタビュー記事「核兵器廃絶を目指し『核共有』の議論を」がアップされています。「吉田ドクトリン」からの卒業、言葉だけが踊る「核共有」、核兵器廃絶への土台、非核三原則堅持のまま抑止力強化、そして「核兵器廃絶2050」といった小見出しで、具体的な取り組みについて説明しています。

これを、また執筆本として出版するなど、広く展開していく予定です。

(https://mainichi.jp/premier/politics/ 空本誠喜)

おわりに——お金の教育の必要性

私、空本《そらもと》誠喜《せいき》が田中《たなか》将真《しょうま》と出会ったのは、もう数年前のこと。一般に、投資ではなく、投機の部類に含まれるＦＸ（外国為替証拠金取引）に、何故か精通している高校生。私は、ＦＸ等について深く理解しておらず、保守的な人間なので、「投資はよいが、投機は危険な金融商品である」と今まで考えていました。今でも同様に考えています。

しかし、若者の中には、いいえ、ご年配の方でも、一獲千金を狙って、投機的な金融商品に手を出される方もおられます。今回、田中将真との出会いは、私が不慣れであった「投資と投機」について、さらに金融リテラシー、お金の教育について考えさせられ、深く勉強させてもらう機会を貰って、この対談によって新しい分野の知識と経験を得ることができました。

ここで、お金の教育の重要性について、おさらいをします。

さて、お金とは何か？

ある銀行のサイトを見ると、お金には、主に「価値を測る尺度」「交換の手段」「価値の保存」の三つの役割があると説明されています。私としては、より具体的に、お金とは、労働などの対価として稼《かせ》ぎ、生活のために遣《つか》って、将来のために貯《た》める、その手段だと考えています。そして余裕があれば、より豊かな生活のために遣ったり、貯蓄したり、資産として増やしたりする手段（ツール）であると考えています。

みなさん、いかがでしょうか。

お金に係わる関連図書、例えば、『本当の自由を手に入れるお金の大学』（朝日新聞出版、二〇二〇年）などにも纏められていますが、①稼ぐこと、②遣う（使う）こと、③貯めること、④増やすこと、について考えてみましょう。

また、最近は、特殊詐欺も増えていますので、⑤お金や資産を守ることも重要であると言われています。ここでお金に係わるリテラシー教育、金融リテラシー教育のサワリの部分について、簡単にまとめてみます。

まず第一に、稼ぐこと。普通は、仕事をしてその対価として会社から給与を受け取って稼いでいます。また自営業の皆さんは、物品を仕入れたり、サービス提供の準備をして、お客様や利用者に商品やサービスを提供してその対価としてお金を頂いています。

しかし、最近では、手元資金を使って、株式や金融商品などのトレードを本業として行って稼いでいる人たちも増えてきました。

田中将真曰く、「機関投資家は負けない。負けるのは個人投資家」と言い切っています。そして、「個人投資家がＦＸなどを片手間にギャンブルとして行うのが最悪のシナリオ。遊びとしての投資家は困る。投資や金融商品についての悪評が出るだけ。個人投資家が負けないためには、人生をかけて、トレードを極めなければ無理。それが出来ない人は、止めるべき。金欲でトレードをしている人は、手を出してはいけない。欲でやれば勝てない」と言い切っています。

一般の方々は、真面目に働き、効率的に働き、その労働対価として、お金を稼ぐことが一番であると。私も学生時代、日本育英会の奨学金で学費支援をしてもらいながら、様々なバイトをしてお金を稼いできました。まずは、お金の大切さを子どもの頃から金融リテラシーとして教育することは重要です。

次に、お金を遣う（使う）こと。ここでは、大事に稼いだお金の遣い道について考えていきます。消費と浪費の遣い道の違いですが、消費は生活に絶対必要なもの、浪費はぜい沢品や生活で必要性のないもの。消費についても、主婦は物価が高騰するなかで工夫してお買い物をしています。質素とは言い切れませんが、ある程度の倹約は一つの美学でもあります。

一方、「浪費やぜい沢、そして無駄遣いは悪」との考え方もありますが、全ての浪費が悪とも言いきれません。我が国は工業国であって、各種の製造業があり、多くの様々な製品が売れなければ景気も上がりません。税収もアップしません。

私のポリシーですが、より豊かな生活へ充実させるために、例えば、普段の生活には必要ではないぜい沢品や高価な商品を購入したいとき、欲しいものがあっても余裕が無ければ直ぐに買わずに、ある程度お金を貯めてから購入するように努めています。より充実した生活を送るためには、お金の余裕も必要です。

第三に、貯めることも重要です。無駄遣いや浪費が多ければ、貯蓄は厳しいですよね。やはり、ぜい沢品等の支出については、収入に見合った程度に抑えて、できるだけ貯蓄する。高額の商品を購入したいなら、計画的にお金を貯めてから。

私も、大学時代から贅沢なスポーツであるスキーを始め、既にスキー歴四〇年弱、インストラクター（指導員）として三〇年強で、毎年スキーをしていますが、高額のスキー用品も経年劣化もあり、スキー板構造の進化とともに、五年~十年毎に買い替えますが、計画的に買い替えています。ぜい沢品については慎重にすべきではないでしょうか。

一方、生活に必要な住宅については、貯蓄とは言えませんが、計画的な住宅ローンを組みながら資産形成のひとつとして考えればよいのではないでしょうか。

第四に、お金を増やすこと、資産運用について考えてみます。家計の可処分所得（収入のうち、税金や社会保険料などを除いた所得で、自分で自由に使える手取り収入のこと）が十分にあり、家計に余裕がある場合、まずは貯蓄ですが、さらに貯蓄にも余裕ができたときに、お金を増やすことを考えてもよいのではないでしょうか。

日々の生活をしっかり維持できる生活防御資金（前出、『本当の自由を手に入れるお金の大学』）を確保しながら貯蓄を進め、ある一定程度の貯蓄により余裕が出てきた際に、資産運用や資産形成に進んでも良いのではないでしょうか。

田中将真は幼少より遊びとしてですが、ギャンブル的なハイリスク・ハイリターンのＦＸ取引（外国為替保証金取引）に興味を抱き、デモトレードをしてきました。そのトレーダーや投資助言も将来的には見据えていると言い切っています。Ｚ世代の若者だからできることなのでしょう。

投資には、株式、債権、不動産、金、ＦＸなどの金融商品等がありますが、収益性、流動性、安全性について、十分に見極めながら行う必要があります。例えば、比較的安全な不動産投資についても、その立地条件と空き家率、固定資産税や管理修繕費などから収益性を見極めなければなりません。

第五のお金を守ることも重要です。これまで高齢者を狙ったオレオレ詐欺、預貯金詐欺、キャッシュカード詐欺、還付金詐欺のみならず、架空請求詐欺や融資保証金詐欺、金融商品詐欺など、様々な特殊詐欺が出回っています。大切に貯蓄してきた資産や預貯金をしっかりと守っていかなければなりません。

ネットの悪質通販サイトも横行しています。本項を執筆するにあたって、ちょうど手ごろな購入したいものを通販サイトで見つけたので購入手続きを進めていますが、絶対これは通販サイト詐欺だと思って、一度だけ騙されてすぐに警察対応してみようとトライしてみました。政治家として、消費者を守るための法整備にも取り組んで参ります。一度は経験しなければ、分からないこともありますね。

さらに、キャッシュレス社会は時代の趨勢《すうせい》ですが、同時に様々な危険性もはらんでいます。金銭感覚の欠落や浪費の危険性、そしてセキュリティの危険性など、利便性が高まる一方で、リスクも高まり、リスク管理も重要となります。

最後に、お金に係わる問題として、カードローンの危険性も十分に理解する必要があります。ＡＴＭでも気軽に利用できる融資手段ですが、利便性が高いがゆえに、あくまで借金ですから、多重債務や自己破産などのリスクもはらんでいます。

お金の教育、金融リテラシー教育について、まだまだお話をしたいことがありますが、今後、別途執筆してまいります。ご期待ください。

なお、本書の執筆に際して、お金や金融のみならず、自分自身のこれまでの生き方や考え方の整理整頓もできました。田中将真との出会いをセッティングしてくれました伊藤真二氏に感謝申し上げます。

また、本執筆は、二〇二〇年三月に着手して数カ月でほぼ八割が出来上がっていましたが、出版に至らず、約二年間原稿を眠らせていました。本書の出版・執筆・編集にあたり、ご協力いただいた論創社の森下紀夫氏、内田清子氏、株式会社ディグの篠倉奈緒美氏（大学時代のスキー同好会の後輩）ならびに大槻令氏、そして空本誠喜事務所スタッフの皆さんにお礼申し上げます。

二〇二三年一月一〇日

空本 誠喜

田中将真（たなか・しょうま）

2002年10月19日生まれ。2022年3月に高校卒業した留学準備中のZ世代。西郷隆盛の遺訓である「敬天愛人」の志をもって16歳で合同会社を起業（現在、株式会社）。小中学生の頃から金融商品などに興味をもったことから、若者の「お金」に係わる知識の必要性を感じ、金融リテラシーに関する教育塾「ジェネスク」を立ち上げる。

空本誠喜（そらもと・せいき）

1964年3月11日生まれ。工学博士（原子力）。衆議院議員。チェルノブイリ事故を機に本格的に原子力の道へ。東京大学大学院で原子力工学（放射線計測学）を専攻。東芝で原子力プラントの設計開発ならびに保守点検に携わる。福島第一原発事故で閣僚からの要請により「影の助言チーム」を立上げ、官邸を介して緊急助言を行う。

Z世代と原子力博士の野望

――めざせ、ユニコーン企業　めざせ、核兵器廃絶

2023年2月25日　初版第1刷印刷
2023年2月28日　初版第1刷発行

著　者　田中将真／空本誠喜
発行者　森下紀夫
発行所　論 創 社

東京都千代田区神田神保町2-23　北井ビル（〒101-0051）
tel.03（3264）5254　fax.03（3264）5232　web.https://www.ronso.co.jp
振替口座　00160-1-155266

装幀／宗利淳一
組版・印刷・製本／株式会社ディグ

ISBN978-4-8460-2235-8　